サンジーヴ・スィンハ

インドと日本は最強コンビ

講談社+α《プラスアルファ》新書

まえがき——インド人の目から見た日本の強み

私が日本のベンチャー企業に就職するため日本にやってきたのは、一九九六年のことでした。インド工科大学を卒業した一年後です。最初の仕事は、人工知能の研究開発。その後、いくつかの外資系企業で働き、ずっと日本とインドの架け橋となるような仕事をしてきました。

私が日本に来たばかりのころ、日本に住むインド人は五〇〇〇人ほどしかいませんでした。街でインド人を見つけると嬉しくなって、相手が道の反対側にいても駆け寄ってあいさつをしたものです。

タクシーに乗り、私がインド人だと知ると、運転手さんは私がインド料理店で働いていると勘違いすることがよくありました。インドといえばカレー。当時はそんなイメージしかなかったわけです。ほかには、せいぜいヨガくらいでしょうか。

しかし、二一世紀を迎えようとするころになると、システムエンジニアに見られることが増えてきました。「インドの人は数学が得意なんでしょう」と褒《ほ》められたこともあります。

九州に出張したときは、現地の運転手さんに「インドは人口が一二億人もいて市場が大きいんだから、もっと日本企業も進出しないといけないよね」などといわれ、驚いたこともあります。

こうして、日本でのインドのイメージは時代とともに変わってきました。インドが輩出した優秀な人材や経済成長が、それだけ知られるようになったのです。

とはいえ、日本で働いているインド人の数は、まだそれほど多くなっていません。その数は約二万五〇〇〇人。アメリカと比べると一〇〇分の一以下、シンガポールと比べても二〇分の一に過ぎないのです。

インドでは大学の授業が英語で行われますから、大学を出た優秀な人材はまずアメリカ、次いでイギリスを目指すことが多いのです。一方、日本で働こうというインド人は、かなりの少数派……日本に住むインド人のあいだの情報交換も、決して活発ではありません。

ただ、そんななかでも、日本企業のトップにインド人が選ばれたり、インド人の技術者を日本企業が採用するという流れが出てきています。また、インドの教育を取り入れたインターナショナルスクールに子どもを通わせる日本人も増えています。

この流れをもっと強めたい。日本とインドのつながりをもっと深く、濃いものにしたい。それが私の願いであり、目標です。

では、なぜそう思うのか――それは、日本で暮らすなかで、その素晴らしさをあらゆるところで感じてきたからです。

日本人の人間性、文化、それにビジネス……そこには日本ならではの優れたところがたくさんあります。それをインドの人たちにももっと知ってもらいたいですし、日本人にも気づいてもらいたいのです。

いうまでもなく、現代はグローバル化の時代です。あらゆる面で欧米と同じ基準が求められる。

しかし私は思うのです。すべてにおいてグローバル化する必要などないのではないか、日本と日本人ならではのよさを失ってしまってはいけないのではないか、と。

本書では、日本で暮らし働く、インド人の目から見た日本の素晴らしさと、インドと日本の関係、その親和性について、私の思いを記しました。読み終えたとき、みなさんがみなさんの日本を「再発見」してもらえたら嬉しく思います。

サンジーヴ・スィンハ

目次◉インドと日本は最強コンビ

第二章　インド進化の裏側

第三章　「瞑想の国」ニッポン

第四章　豊饒な日本流ビジネス

第五章　インドと日本は最強コンビ

第一章　日本で暮らすインド人の感想

通勤は「ママチャリ」のわけ

日本で働くようになって二〇年ほど。現在の私は、通勤に自転車を使っています。それも、ハンドルの前にカゴがついた、いわゆる「ママチャリ」です。

数年前に気づいたのですが、自宅から会社までは、自転車を使うのが一番速いのです。電車に乗るとかえって遠回りになってしまいますし、車だと自転車の倍は時間を食ってしまいます。渋滞もありますし、工事も頻繁に行われている。一方通行などで遠回りになってしまう道もあります。

こうして自転車の便利さに気づいてからは、三台を併用しています。仕事が終わってから、友だちと食事などに行くと、帰りが遅くなってタクシーを使うことがあります。そういう場合は会社に自転車を置いていって、次の日はまた別の自転車で通勤するわけです。

夏でも上着を脱げば涼しいですし、自転車通勤はさほど苦にはなりません。冬は手が寒いので手袋が必要ですが、それでも東京での近距離の移動手段には自転車がベストだと思います。特に大きなカゴがついているママチャリは、カバンを入れることができて、とても快適です。

ママチャリのようなタイプの自転車は、海外では少ないと思います。日本の事情に合わせて開発されたものなのでしょう。またインドの都会に住んでいると、車の運転が荒いですから、自転車だと危ない……通勤に使うという人は、ほとんどいないのではないでしょうか。スポーツタイプの自転車を持っている人は、専用の施設に行って走らせています。

東京では車よりも電車のほうが便利ですし、近い距離なら電車より自転車のほうがいい。私も電車や自転車での移動が好きです。そのことで街の風景、人々の様子がよく見えるということもあります。

本書では、そうやって私が見てきた日本のことを、インドと比較しながら書いていきたいと思います。

インドの名門校の本物の天才たち

私が卒業したインド工科大学は、インドでトップの名門校です。私は物理学部だったのですが、同級生のうち半分以上が、卒業後はアメリカの企業や財団から奨学金を得て、アメリカの大学院に留学していきました。インド工科大学を出てアメリカに留学、そしてアメリカで就職して出世を目指すというのが、エリートコースなのです。

その代表例が、同級生のシラーズ・ミンワラ。彼は本物の天才といっていい人物で、授業でも教授と対等以上に議論をするような人間でした。そんなシラーズは、高校生のときに立てた人生計画を、すべて実現しています。

インド工科大学からアメリカのプリンストン大学へ。二〇代でハーバード大学にポストを得て、自分の研究チームとともにインドに凱旋《がいせん》する。さらに「タタ基礎研究所」で研究生活を続け、インドで最高の科学賞も受賞しました。将来のノーベル賞候補ともいわれています。

こうした天才と知り合うなかで、私は自分の将来を考えるようになりました。もともとは科学者を目指してインド工科大学に進んだのですが、研究生活は孤独な作業。それよりも、私はもっと人と関わる仕事がしたいと思うようになったのです。

超がつくような秀才がたくさんいる名門校で、周りは優等生ばかりでした。そういう環境にいた私は、むしろインド工科大学の卒業生が歩む普通の路線から外《はず》れてみたくなったのです。ほかの同級生たちとは違う道、自分ならではの生き方を考え、そこで就職することにしたのが日本の企業でした。

大学院を含めた五年間のコースを終えると、いったん大手財閥「ゴドレジ」系のメーカーに就職。しかしその一年後、私は日本に向かいました。

日本で働こうと決めた背景

インドで一年間、働いたあとで、日本の会社に移ることを決めたのは、たまたま新聞の求人広告を見たからです。東京・広尾《ひろお》に本社を持つ「ゲンテック」というベンチャー企業で、仕事は人工知能の研究開発です。

当時、働いていたゴドレジ財閥のメーカーにも不満はなかったのですが、もともと私は科学者になるのが夢で、インド工科大学に進んだのです。日本といえば、世界でもトップの「技術の国」……求人広告にはとても心を惹《ひ》かれるものがありました。

ただ、インド工科大学を卒業して日本で働こうという人間は、当時ほとんどいませんでした。しかし、ゲンテックの求人広告を見たとたん、私の心のなかでムクムクと、冒険心が湧き上がってきたのです。どうせならほかの人とは違ったことがやりたい、そういう思いもありました。

それまで海外に行ったことがありませんでしたから、海外で働くこと自体が大冒険です。どうせ冒険なら、インド人が多いシリコンバレーに行くよりも、言葉も何もわからない日本へ行くほうが、本物の冒険ができるのではないか、そう考えたのです。

当時、私が知っていた日本語は「サヨナラ」だけ……インド人の大多数がそうだったと思います。インドでは一九六六年に公開された『Love in Tokyo』という映画が有名で、その舞台が東京の銀座などでした。この映画で使われた曲が「Sayonara Sayonara（サヨナラ　サヨナラ）」というタイトルだったのです。

こうして研究職に応募すると、採用が決定。日本に来ると、まず成田空港から赤坂のホテルへ行きました。そこで会社のスタッフと落ち合って、大岡山《おおおかやま》のワンルームマンションへ案内される。会社が私の住む部屋を手配してくれていたのです。

夏だったので、とても暑かったのをよく覚えています。三五度を超えていたはずです。もちろんインドも暑いのですが、日本はそれ以上に暑く感じました。というのも、私は部屋で着替えてすぐ、スーツで会社に向かったからです。

日本ではみなスーツを着て働くというイメージがあったので、生まれて初めてスーツを作ったのですが、実際に出社してみると、みんなTシャツに短パン……そのフランクな雰囲気に驚きました。そして会社には、アメリカ人やフランス人、さらにシンガポールや香港から来た人もいました。

スーツ姿の私は、「この暑いのにそんな格好をしなくても」と笑われたのですが、そのことで周りと打ち解けることができたように思います。

日本のマンションにも驚いた

私は、インド以外の国に行ったのは日本が初めてでした。それだけに、見るもの接するものすべてが新鮮。たとえば、まずびっくりしたのが自動ドアです。タクシーや電車の扉も自動で開く。それまで、インドでは見たことがない、そんなものばかりでした。

空気もきれいだと感じました。インドは舗装されていない道が多いので、空気が埃《ほこり》っぽいのです。インド独特のスパイスの香りが街に漂っていないのも新鮮でした。

会社が用意してくれた大岡山のマンションにも、とても驚かされました。

広さ二八平方メートルのワンルームマンション。決して広いとはいえませんが、そこにはすべてが揃っていました。キッチン、ユニットバス、洗濯機置き場などが、スペースをうまく利用して設《しつら》えられていたのです。確かにこれなら、なんの不便もなさそうだと思ったものです。

それに、キッチンもトイレも窓もピカピカになっているのが印象的でした。歪《ゆが》んだり傷付いたり、汚れているところが一つもないのです。こういうことは、海外ではめったにありません。どこかしら汚れたり傷が付いたりしているのが普通。クローゼットのドアが開きにくかったり、何かしら問題があるものなのです。

カーテンの長さも、窓にぴったりと合っていました。おそらく日本人は、「カーテンがちょっとくらい窓より長くても構わない」とは考えないのでしょう。何事もきちんと揃えるのが普通なのでしょう。

日本の「標準化」の強みとは

こういうきちんとしたところは、日本の「標準化」の強みなのだろうと思います。窓だけでなく、さまざまなものに標準的なサイズがいくつか用意されていて、選択肢が決まっているのでしょう。だから、カーテンもその標準に合わせて作ればいい。経済の効率としても、そのほうがよくなります。あらかじめ条件が決まっているから、そのなかで仕事がやりやすくなるのです。

ちなみに、インドでは標準化されていないものばかりです。私の実家は、私が大学一年生のときに建てたものですが、間取りは自分たちで考え、図面も家族と相談しながら作りました。でも、作業をする大工さんたちは、その図面をろくに見ることがありません。すべて目分量、自分の感覚で行うのです。

ですから、ほかで作ったドアを持ってきても、玄関のサイズにうまく合わず、やり直したりもしました。ほかにも、あらゆるところでミス、やり直しが出てきてしまいます。日本には、そういう無駄がないから効率がよく、生産性が高いのです。

日本は何事にもしっかりと計画を立てる国。つまりスタートする前に時間をかけるのです。だから、いざスタートしてからは失敗が少ない。準備段階でしっかりやっておくからなのです。

そういう日本のよさは社会全体に及んでいますし、ほかの先進国と比べても優れていると思います。

イギリスに出張し振り返った日本

日本で働くようになってから、出張でイギリスに行ったことがあります。現地では大学時代からの友人とも会いました。

「インドの大学で勉強した僕たちがイギリスと日本に分かれて、イギリスで再会するなんて、面白い人生だよね」

そういって乾杯したのですが、友人の「インドもイギリスのように発展してほしい」という言葉には賛成できませんでした。私には、どう考えても日本のほうが素晴らしいように見えたからです。

日本と比べると、イギリスの道は汚く感じました。エレベーターが止まっていることもありましたし、地下鉄も殺風景で怖い感じがします。

ニューヨークも同じで、「ポケットに二〇ドル以上入れて歩いてはいけない」といわれたことがあります。私は「日本だったら一〇万円持っていても大丈夫なのに」と思ったものです。

つまり、日本はほかの先進国と比べても、清潔で安全な国だということ。ビジネスでたくさんの国を訪れましたが、日本以上の国はないと断言できます。

日本人のこだわりに感銘して

ベンチャー企業ゲンテックでのクライアントの一つは、自動車メーカーのトヨタ自動車でした。人工知能の技術を使って、工場で作られる自動車の部品にヒビなどがないかを調べるのです。また自動車を組み立てたときに隙間《すきま》が空いていないか、どの製品も同じ幅になっているか、ドアが閉まったときにフラットな状態か、なども調べます。

当時から車のデザインはコンピュータを使っていたのですが、実際に作ってみてどうなるか、というのが問題なのです。必ずしもデザイン通りになるかどうかわかりませんから、それをチェックするシステムを作るのが私たちの仕事でした。

つまりトヨタの工場では、いかに完璧にするかを求めていた、ということです。インドでは、「少しくらいズレていてもいいじゃないか」と思ってしまいます。「それで事故が起きるわけじゃないし、気づく人も少ないよ」と……。

しかし、日本はそういうところもしっかりこだわるのです。これはトヨタだけでなく、日本のあらゆるところで見られる仕事ぶりだといえるでしょう。

当然、そこには人件費が必要となります。少しだけ妥協すれば、製品をもっと安くすることができる。しかし日本の企業はそうせずに、しっかりと手間をかけるのです。そのことでコストも高くなりますが、日本人は、そういうこだわりにお金を払うことを嫌がりません。

そのこだわりに、若かった私はとても感銘し、影響を受けました。

ました。

「一度は日本的な企業で働きたい」

二〇〇〇年代からは、IT関連の技術者として日本に来るインド人が増えるようになりました。

そのきっかけは、当時の森喜朗《もりよしろう》首相が二〇〇〇年にインドを訪れ、「二一世紀における日印グローバル・パートナーシップ」に合意したこと。そこから、インドの人材が活発に受け入れられるようになったのです。

日本で「金融ビッグバン」と呼ばれた規制改革が行われたのも、同じころです。外資系の金融機関がビジネスを拡大、東京では外国人ビジネスパーソンを見かけることが多くなってきました。そのなかにはインド人も数多くいました。

そういう流れのなかで、私は一九九八年にスカウトされて、ドイツ系のドレスナー・クラインオートベンソン証券へ。その次はアメリカ系のゴールドマン・サックス証券で働くことになりました。さらに二〇〇一年には、ヘッドハンティングされ、みずほ証券に移ります。

外資系企業に慣れていたところだったので、みずほ証券から誘われたのは正直、意外でした。しかし、私を誘ってくれたＩＴ部長は先進的な考えの持ち主で、人材の国際化にも熱心だったのです。

私がオファーされた仕事は、世界各国にある支店を結ぶグローバル・コーディネーション。「インド人の君だからこそ、この仕事を任せたい」——そんな口説《くど》き文句で、私はみずほ証券に行くことを決めました。

インドという「多様性の国」で生まれ育ったこともあって、文化の架け橋になるような仕事には向いていますし、私もそういう仕事がしてみたかった。その感覚が、いまの仕事にもつながっているのは間違いありません。

もう一つ、みずほ証券で働いてみたかった理由があります。私が日本で最初に働いたゲンテックはベンチャー企業で、会社の雰囲気も、日本というよりシリコンバレーに近いものがありました。その後は外資系企業で働いてきたので、「一度は日本的な企業で働いてみたい」と思ったのです。

日本に来てからというもの、私はこの国が大好きになっていました。だから、仕事としても、日本的な風土を味わってみたかったのです。

神道に似ているヒンドゥー教

海外の人から聞いた、日本に関するこんなジョークがあります。

あるとき、アメリカの大統領が日本を訪れて、宗教関係者に「日本ではどの宗教の信者が多いのですか」と聞いたそうです。すると仏教のお坊さんが「八割が仏教徒です」と答え、神道《しんとう》の神主《かんぬし》さんも「八割が神道です」と答えたため、大統領はわけがわからなくなってしまった……。

アメリカやヨーロッパの国々であれば、これはありえないことです。「カソリックが八割でプロテスタントも八割」ということは絶対にない。ただ、そういうことが日本ではありうるのです。

お正月は神道のスタイルで神社に初詣《はつもうで》に行き、お彼岸《ひがん》にはお寺にあるお墓にお参りに行く。そうかと思うと結婚式はチャペルで。そういうことが、日本では普通のことなのです。仏壇にクリスマスケーキをお供えするという、仏教とキリスト教がミックスされたようなことがあるかもしれません。

つまり、日本人にとっての宗教は、欧米や中東のものとは、位置づけが違います。かつて鈴木大拙《すずきだいせつ》が喝破《かっぱ》したように、日本人に宗教心がないわけではなく、宗教的儀式を日常のなかに取り込んでいるわけです。

実際、寺や神社に毎週行くわけではありませんが、多くの家に仏壇と神棚があり、毎日お供えをします。そして、そのことで心が安らかになり、家族との絆が深まれば、それでいいと思っているのでしょう。

実はヒンドゥー教は、神道に似たところがあります。私の直感でしかないのですが、厳密な宗教というより、自然や生活に根ざした教え、哲学のようなものに思えるのです。

ヒンドゥー教という名前自体、イギリスの支配下にあったときに、イギリス人から「イギリスにはキリスト教があるが、この国の宗教は？」と聞かれた人が、とっさに付けた名前だ、という説もあります。

もともと「ヒンドゥー教」という名前があったというわけではなく、広く浸透していた教えに、そう名前を付けた、そんな感じなのです。

左手は本当に不浄なのか

インドに仏教とヒンドゥー教が混在しているのも、日本と似ています。それを分断しようとするのは、政治的な動きでしかありません。欧米や中東のように、宗教に関して自分たちの正しさを押し付けるようなところがないのです。

ですから、教義というのもあまり厳密なものではありません。たとえば、ヒンドゥー教では左手は「不浄」であるとされ、食事のときは右手しか使わないといわれていますが、実際には左手を使うこともあります。

私が思うに、左手を使わないというのは、「食事で右手が汚れていても、空いている左手で飲み物をとることができる」といったような、現実的な部分が大きいのではないかと思います。

ヒンドゥー教の教えというのは、日本でいえば、「お米は一粒も残さずに食べなさい」という道徳のようなものではないでしょうか。厳密な戒律ではないけれども、それを守ることによってマナーが身に付いたり、道徳心を養うことができる、そういうものだと思います。

インドという国の成り立ちは、まずガンジス川の周辺から起こった文明によります。水があることで農業が栄え、食糧があり、豊かな文明でした。そうして豊かであるからこそ、人間の生き方など、哲学的、宗教的なことを考える余裕があったのかもしれません。

ただ現在では、ガンジス川の流域は、インドでもとりわけ貧しい地域になっており、インドの人々の考え方には、この貧しさが大きく影響していると思われます。

たとえばインドでは、死ぬことを「神様の思し召《おぼめ》し」だとする考え方があります。人が死ぬのは神様が決めたからで、人間にはどうしようもない、仕方のないことだ、そう考えるわけです。

これは、貧しさ、環境の悪さに対応するためのものでもある。インドの田舎では、病気で倒れても、すぐに救急車が来てくれるわけではありません。病院にコネがなければ治療を後回しにされてしまうこともありますし、医療保険がないために充分な治療が受けられない場合だってあります。

そういう状況を嘆く代わりに「神様の思し召しだ」といってあきらめる……そういう思考が、インドでは強いのです。

英語で学ぶしかないインドの現状

さて、詳細は第二章で触れますが、インドでは英語を使う人が非常にたくさんいます。大学で勉強したり、大手企業で働くには、英語が不可欠なのです。ただ、それだけではなく、仕方なく英語を学ばなければならない、という事情もあります。必要に迫られて英語を覚えるしかないという状況が、インドにはあるのです。

それは、翻訳の問題です。たとえば、テレビで外国の映画を放送するときには、インドの第一公用語であるヒンディー語に吹き替えられるということは、めったにありません。英語の映画は、そのまま英語で放送されるのです。

そんなインドで育った私は、日本のテレビでアメリカ映画を見たときに、「どうして日本語でしゃべっているんだろう」と驚きました。近年では映画館でも、字幕だけでなく、日本語吹き替え版で公開される映画が多くなっています。

日本では、それだけ親切なかたちで外国の文化に触れることができる、そういうことです。だから、英語がわからなくても不自由なく暮らしていけます。

そのことは、本についてもいえるでしょう。かなり専門的な本でも、日本では翻訳されて出版されます。しかし、インドではそうはいきません。フィリピンなどでは、大学の蔵書は、ほとんど英語だともいわれています。

インドでは、哲学書や古典文学が少しだけヒンディー語に訳されていますが、専門的な本に触れようと思ったら、原書で読むしかない。だから、英語が得意にならざるをえないともいえるでしょう。私も高校時代は英語での大学受験を目指していましたから、専門書を辞書（英英辞典）を引きながら読みこなすしかありませんでした。

ノーベル物理学賞を受賞した益川敏英《ますかわとしひで》さんは、英語が不得意で、もちろん英文の論文も読んだのでしょうが、日本語で、日本を拠点に学識を深めました。そして、ノーベル賞の授賞式で行ったストックホルムが、本人の初めての海外体験だったといいます。インドでは考えられないことです。

そんなインドでは、ディズニーのアニメも英語で放送されますから、子どもたちも自然に英語に慣れていきます。そして、少しでもいい給料の会社で働きたいなら、やはり英語は欠かせません。

逆に日本では、なんでも日本語で楽しめますから、英語の上達には却って障害になるかもしれません。グローバルな人材の育成という意味でも、不利ではあるでしょう。

ただ、それは見方を変えれば素晴らしいことでもあるのです。映画でいえば、アメリカのエンターテインメント大作も、ヨーロッパの芸術映画も、それにインドの映画だって、日本語で気軽に楽しむことができる、ということです。

もちろん、海外の小説も、学術書も、日本語で読むことができます。日本語を使うのは基本的に日本だけ。それなのに、たくさんの映画や本が日本語に翻訳されているというのは、非常に幸せなことだと思います。

そして、それが可能なのは、日本が経済的にも文化的にも、豊かな国だからなのです。

外国人はなぜチェーン店が好き？

日本人にはなかなか気づきにくいでしょうが、実は優れていることといえば、飲食チェーン店もあげられるでしょう。

チェーン店というと「決まりきった味」ということで、高級レストランよりも下に見られる傾向がありますが、日本に住む外国人には、チェーン店で食事をすることが好きな人が多いのです。

私自身、カレーチェーンのカレーハウスCoCo壱番屋《いちばんや》が大好きです。「インド人なのに日本のカレーが好きなの？」と珍しがられるかもしれませんが、インド人にとっても日本のカレーはおいしいですし、特にCoCo壱番屋は世界でも最大のカレーチェーン。味もサービスもかなりレベルが高いのです。

ベースになる味の種類は少ないのですが、その分、いろいろなトッピングがありますし、辛《から》さや量を調節してもらえる……こういう細やかなサービスは、日本ならではです。カレーだけでなく、吉野家《よしのや》などの牛丼も、外国人に人気があります。チェーン店のよさは、いつでも、どんな場所でも同じ味が楽しめ、同じサービスを受けられるということです。この均一性は、先進国ならではのもの。貧しい国では、値段も味もサービスも、バラバラです。

いつも自分がなじんでいる食べ物をいただくことで、ホッとするといえばいいのでしょうか。私なら、たとえば出張で地元の珍しい名産品をたくさん食べたあとなどは、吉野家やCoCo壱番屋で「リセット」したくなる感覚があります。

日本人は、海外旅行から帰ってくるとラーメンや蕎麦《そば》が食べたくなるといわれていますが、そういう感覚は、世界共通のものなのかもしれません。

インドにも、さまざまな調味料や香辛料《こうしんりょう》を混ぜたマサラスパイスというものがあり、それを海外出張に持っていく人も多い。以前、インドから来たお客さんが、高級寿司店で出されたお寿司にまでマサラスパイスをかけようとしたので、さすがにそれはやめてもらいましたが……。

それくらい、人間は「おなじみの味」が好きなのでしょう。そして外国人にとっても、チェーン店のカレーや牛丼は、もはや「おなじみの味」になっているのです。まして、日本のチェーン店は接客や店内の清潔さも一級品。好きにならない理由がありません。

もちろん、日本にはチェーン店ばかりというわけではありません。チェーン店もあれば高級店もある。スターバックスがある一方で、地域に根ざした長く続く喫茶店もある。そういうお店では、値段が高い代わりに優れたホスピタリティ、すなわち「おもてなし」を受けることができます。

その店ごと、土地ごとの文化を味わうこともでき、チェーン店から高級店まで、選択肢があるというのが大事なことなのだと思います。

このように、優れたサービスが安く手に入るというのは日本ならではの特徴で、それが可能なのは、インフラが整っているから。インドでちゃんとしたレストランを作ろうと思ったら、まずきれいな水を確保するところからスタートしなければなりません。また、電源の確保も重要です。

そういう状況なので、インドの一つ星ホテルすら、日本よりも値段が高くなってしまいます。一から設備を整えなくてはならないため、余計にお金がかかってしまうのです。

チェーン店といえば、日本はコンビニエンス・ストアやファミリー・レストランの接客も抜群です。海外では、どんな店でもそっけない態度の店員が多いですから、国外でびっくりする日本人も多いでしょう。これは外国での接客が悪いというより、日本の現状が素晴らしいと考えるべきなのです。

東急ハンズで感心したこと

さらに、日本の店では、実にさまざまな品物が売られていることにも感心します。以前、生け花が好きな友人が、花を生《い》けるために使う細い針金を東急ハンズに買いに行ったことがあります。

店で驚いたのは、針金だけでも、硬いものから柔らかいものまで、太いものから細いものまで、数多くの種類があるということでした。個人用だからそれほどたくさんは必要ないのですが、それでも売ってくれるのにも驚きます。

こうした小売りのあり方は、インドでは考えられないものです。

針金だけで何種類もあるというのは、それを買う人がいるから。もちろんインドよりは割高になるでしょうが、インドでは少量生産の製品を手に入れるのは難しい。つまり、日本では多少、高いかもしれませんが、選択肢がたくさんあるわけです。それは、日本人にそれだけの購買力があるからでしょう。

最近の日本のコンビニでは、コピーだけでなく、ＵＳＢなどを使ってデータをプリントアウトすることもできます。ナビゲーションのアプリも便利です。行き先を入力すれば、どの電車に乗って、どの駅の何番出口を出て、そこからどんな道順で行けばいいのかを親切にナビゲートしてくれます。

こうしたことは、インドでは不可能なサービスでしょう。インドにもスマートフォンはありますが、地図にあるとおりに道が作られていないことが多いのです。最新情報も入ってきにくい。だから、ナビどおりに歩くことができないわけです。

日本でナビのアプリが役立つのは、計画どおりに街が作られているから。電車の運休情報なども、すぐに知ることができます。

車椅子生活で見えた日本の文化

加えて、日本の社会の素晴らしさの一つは、弱い立場の人に優しいということです。以前、私もそれを実感しました。

仲間たちとサッカーをやっていたときのことです。私は足をケガしてしまい、あまりの痛みで動けなくなってしまいました。

救急車を呼ぶと、三分で到着。すぐに呼吸や脈拍、体温をチェックしてくれ、整形外科医のいる近くの病院へ運んでくれました。この迅速《じんそく》で的確、それに丁寧な対応に、まず驚かされました。

病院でもすぐに診察を受けることができましたが、その際も、保険証を持っているかどうかは聞かれませんでした。まずは診察優先、治療優先だったのです。私は外国人ですから、何か不便があるかもしれないと思っていたのですが、まったくそんなことはありませんでした。

病院では数日間、足を安静にするようにといわれ、車椅子《くるまいす》を借りて家に帰りました。そういう状態ですから、しばらくは外に出るのをためらっていたのですが、ある日、「天気もいいし、久しぶりに家から出てみよう」と思い立ちました。

そこで気づかされたことも、たくさんありました。たとえば、マンションのエレベーターに乗ると、車椅子のマークが付いたボタンが低い位置に付いていました。これがなかったら、車椅子に乗ったままでは、一人で一階に降りるのにも苦労したでしょう。

外に出てみると、道路の段差も意外に少ない。このとき、私は家から二キロくらいのところにある築地本願寺《つきじほんがんじ》まで行ってみたのですが、思っていた以上に楽な道のりでした。

もう一つ驚いたのは、タクシーでの対応です。車椅子に乗ったままマンションの前に出て手を挙げ、タクシーを止めたのですが、運転手さんが車から降りて、車椅子を折りたたんで、トランクに入れてくれました。

その親切さに加えて私が驚いたのは、車椅子が折りたたみ式だったことです。それまで私は、車椅子が折りたたみ式になっていることに気づきませんでした。病院で車椅子を借りるときにも、特にリクエストは出しませんでした。

――それでも、こういう持ち運びのしやすい車椅子を貸してくれた、つまり日本ではそれが普通のことなのです。

こういうことは、ほかの国ではなかなかないことだといっていいでしょう。車椅子が大き過ぎて、タクシーのトランクに入らないことだってあると思います。日本で何気《なにげ》なく借りた車椅子がトランクに入るサイズだったのは、誰もが使いやすい規格を作ってきたからではないでしょうか。

そんな日本は、なかなか変化しない国だともいわれます。それが批判されることもあるのですが、なかなか変わらないというのは、変えなくてもいいくらいしっかりしたものを持っているからだ、そう私は思うのです。いいものを長く守り続ける。それが日本の文化なのです。

日本のバスに乗って友人は驚いた

ここで思い出したのは、私の日本人の友人が街作りの活動をしており、そこで「すべての人が使いやすい」ユニバーサルデザインにこだわっていたことです。

現時点でも、目の不自由な人が普通に電車の乗り降りをする光景はよく見かけますし、車椅子でも駅員さんの協力で電車を使うことができる。日本で生まれ育った人には当たり前のことかもしれませんが、インド人の私から見ると「なんて素晴らしいんだろう」と思います。

社会のシステムにおいて、「体の不自由な人に、いかに不便を感じさせないか」というマインドが共有されているのです。

私がケガをしたときも、救急車での対応、病院での診察、エレベーターの低いボタン、タクシーの運転手さんの親切さ、車椅子が折りたたみ式だったこと……あらゆるところで日本人の優しさを感じることができました。

私が日本語を使えるからということもあるのでしょうが、日本には、この優しさがあるからこそ、「ケガをした外国人」でも安心して生活することができる。そして、こうした「優しさ」や「安心感」は、数字には表れないものなのです。

しかし、たくさんの人たちが優しさというベースを共有し、安心して暮らせていることは、とても大切なことではないでしょうか。それはチームワークにもつながりますし、経済的な生産性をもたらしているのだと思います。

知り合いから聞いた話ですが、ある外国人観光客が路線バスに乗っていて、とても感動したそうです。

「日本はすごい。バスにお年寄りが乗ってきたら、運転手はその人が席に座るまで発車しないで待っていてくれるんだ」

少し発車時刻が遅れても、お年寄りが安全にバスを使うことを優先する。そういうところにも、日本のよさが表れているのです。

汚職だらけのインドから見た日本

ところで、インドは汚職だらけの国です。もちろん日本でも汚職が問題になることはありますが、インドとは比べものになりません。

インドで役人といえば、汚職の象徴。賄賂《わいろ》をもらって便宜をはかることは当然で、賄賂を渡すのも普通の感覚です。

たとえば、ロシアのソチで冬季オリンピック（二〇一四年二月）が開催されたときには、インドはＩＯＣ（国際オリンピック委員会）から加盟資格を停止されていました。その原因は、二〇一〇年にニューデリーで「英連邦スポーツ大会」が開催された際の汚職。施設の建設に当たって、与党の政治家が多額の賄賂をもらっていたことが発覚したのです。

それ以外にも、賄賂は日常的なものとして深くはびこっています。たとえば、以前は長距離列車に乗るにも賄賂が付きものでした。

鉄道の駅は常に混雑しており、しかも自動券売機がなかったので、数少ない窓口にたどり着いても、そこからが交渉の始まりです。「売り切れ」などと冷たくいわれることもよくあり、そこで賄賂の出番となるわけです。交渉の結果、正規料金の倍以上も払わなければならないこともあったのです。

「窓口の係員にふっかけられた」と苦情をいっても意味がありません。係員の上司だって賄賂をもらうのが当然だと思っていますし、それは警察も同じ……。

空港の状況もひどいものです。外国に出稼ぎに行った人がお土産《みやげ》に電化製品などを買ってくると、高い関税がかけられる。そのため、税関職員が賄賂を受け取って税関を通してあげるということが普通の光景……高い関税を払うよりは賄賂のほうが安いというわけです。

このように空港の税関職員には「副収入」が発生するため、税務署では、上司に賄賂を渡して空港に転勤させてもらう職員が多いのです。

現在では、さすがにそういうことは少なくなっていますし、アメリカでお金持ちになって一時帰国するような人は、高い関税など、なんとも思いません。また、鉄道の切符もインターネットで買えるようになりました。

かくいう私は、かつて空港で関税がわりの賄賂を暗に要求され、「関税は相当高いですよ」といわれたのですが、当時はそれがなんのことかわからず、普通に関税を支払いました。きっと職員は当てが外れて困ったことでしょう。

とはいえ賄賂という「文化」は、まだまだインドからなくなったわけではありません。経済成長でお金持ちが増えたことで、「うまく稼いだ人間が偉い」という風潮も強まっています。

それに対して日本では、仕事などでズルいことをするのは悪であり恥ずかしいことである、そういう気持ちが非常に強い。自分を律し、正しいことをやるのがいいのだという考え方に、みんなが合わせているように思います。加えて、野口英世《のぐちひでよ》さんを筆頭に、苦労して偉くなった人を称えるムードもあります。

それが公共のマナーのよさにもつながっていますし、ひいては清潔で安全な社会を形成するのに役立っている。こうしたマインドひとつをとっても、日本は非常に素晴らしい国なのです。

日本はストレスの多い社会か

私の知り合いの日本人のなかには、インドが好きな人がたくさんいます。インドに駐在しているうちに「日本に帰りたくなくなってしまった」という人や、インドで働いてから日本に戻ってはきたものの、定年になったらまたインドに働きに行ったという人もいます。

私からすると、「日本ほどいい国はないのに、どうしてわざわざインドに住みたがるのだろう」と思うのですが、インドにはインドの、日本にはない魅力があるということなのでしょう。もしかすると、細かいことを気にしなくていいところが好きになったのかもしれません。

逆にいうと、日本はなんでもちゃんとやる国だということです。自分の仕事に手を抜かないし、それがお客さんのためになるということをよくわかっているのです。

ですから、自由が好きでストレスが嫌いな人がインドを選んでいるのかもしれません。

ただ私は、日本がストレスが多い社会だとは思いません。

みんなが自分の持ち場できちんと仕事をするから、全体がうまくいく。全体がうまくいっているから、何事もスムーズで、結果として個人にかかるストレスが少なくなる。そういう国だと思うのです。

それに対してインドは、細かいところを気にしない部分もありながら、飛び抜けた個人を生み出すようにできている社会だといえるでしょう。

そんなインドが、いかにして経済発展を遂げたのか——次章で説明していきます。

第二章　インド進化の裏側

急速な経済成長の背景

日本人からすると、インド人は少々面倒くさい人たちかもしれません。

たとえば、インドではODA（政府開発援助）を受け入れるときに、いくつかの国に打診して条件を競わせ、最もいい条件のODAを選びます。援助を受けるのに、条件を競わせるのです。

ODAの資金を使ったプロジェクトも、東南アジア諸国では日本がイニシアチブを握って進めることができますが、インドではそれも簡単にはいきません。インド側が、ODAの使い道に関して何かと主張してくるのです。

「先進国からお金と技術、知恵を提供してもらっているのに、なぜそんなことをするのか。素直に従ったほうが、よい結果が出るはずじゃないか」

そう思う人もいるでしょうが、それがインドの国民性なのです。

温和なことで知られる東南アジアの人々に対して、インド人は個人主義。自己主張が強く、議論することが大好きです。

英語が使える人が多いこともあって、ビジネスなどの交渉の場になると、通訳を使わずにどんどん自分の意見をいうこともできます。植民地時代、東南アジアが日本に支配されていたのに対し、インドは英国領だったというのも影響があるはずです。

そういう強気な国民性は、日本人にはなかなか理解しにくいものだといえるでしょう。ただ、そういう気質だからこそ、急激な経済成長が可能になったともいえます。

インド人の自己主張が強いわけ

近年、インドは優秀な人材を世界中に数多く輩出してきました。

たとえば、二〇一四年の二月には、マイクロソフトのＣＥＯにインド出身のサトヤ・ナデラ氏が就任。彼はインドの大学を卒業したのちにアメリカに留学、ウィスコンシン大学で修士号を取得すると、シカゴ大学でＭＢＡを取りました。その後、アメリカで就職し、マイクロソフトで長く働いて、ついにはＣＥＯとなったのです。

これは、現代のインド人にとっての典型的なエリートコースといっていいでしょう。インドの大学を卒業し、アメリカでも勉強して、そこで就職するというパターン。このようにインドでは、優秀な人材はまずアメリカを目指すのです。

それができるのは、英語が使えるという強みがあるからです。インドの理系大学では、授業はたいてい英語で行われる。だから、アメリカの大学に行っても、言葉で苦労するということはありません。

しかもアメリカでは、どの国の出身か、どの人種なのかに関係なく、能力さえあれば出世することが可能です。インドにもアメリカのように、たくさんの民族と言語が混在していますから、そこで成功するには相当なパワーと野心が必要です。そういうマインドも、インド人がアメリカに向いている理由の一つでしょう。

「国際会議では、日本人に発言させることと、インド人を黙らせることが最も難しい」というジョークもあるほどで、それくらい、インド人は自己主張が激しいのです。

インド人は国内で留学状態？

インドでは、ある程度の教育を受けた人なら英語を話すことができます。というのも、インドでは英語がヒンディー語に次ぐ第二公用語なのです。理系の大学以外にも、授業がすべて英語で行われる大学は少なくありません。

また富裕層の人たちは、子どもを英語を使う私立校に通わせることがほとんど。ですから、アメリカやイギリスに留学するにも不便がないですし、欧米の企業への就職もしやすいのです。

インド国内でも、大手企業への就職や、高いレベルでの教育を受けるには、英語が必須です。大学だけでなく、インドでは大手企業でも英語が共通語。会議やメールでのやりとりは英語で行われることが多いのです。

テレビでも、全国ニュースでは英語を使うのが一般的。国会でも英語での論戦が基本となっています（地元の有権者を意識して、その土地の言葉を使う人もいますが）。

ただ、英語が重要な位置を占めるのは、インドが多様性に満ちた国であるからです。さまざまな民族が住み、その言葉もさまざま……インドには公に認められている言語が二〇ほどもあり、さらに方言も加えると、八〇〇以上になるといわれます。

ヒンディー語以外にも、州ごとにそれぞれの公用語がありますから、ヒンディー語がわかる人はインド全体の半分ほど。私の出身地はインドの北西部にあるラジャスターン州ですが、ここではヒンディー語が公用語になっているにもかかわらず、実際にはラジャスターン語のほうがよく使われています。

そのため、私は家ではヒンディー語で話し、友だちとはラジャスターン語で話すという「バイリンガル状態」でした。ちなみにヒンディー語とラジャスターン語は、たとえていうなら、英語とフランス語くらい違うといっていいでしょう。

私は、大学に進むために英語を勉強し、高校時代から州の共通試験などは英語で受けていました。が、英語で授業を行うような名門私立校は私の故郷にはありませんでしたので、独学で英語を覚えたという感じです。

もちろん、インド工科大学の授業はすべて英語。大学の友人たちとの会話も英語。学生たちはインド全土から集まっているわけですから、英語が一番、便利なのです。

一方、ヒンディー語は第一公用語なのですが、使われるのはインド北部が中心。話せない人間も多いのです。ということは、インドの大学生は、国内にいながら留学しているのと同じだといえるのかもしれません。

『踊るマハラジャ』は理解不能

ただ近年では、ヒンディー語は、従来、使われてきた北部だけでなく、南部にも広まってきています。最近の映画はヒンディー語で作られるものが多いため、全国的にヒンディー語に慣れたインド人が増えてきたのです、おかしな表現ですが。

映画といえば、日本でインドの映画を見たことがあります。友人が「インドの映画が上映されているから見に行こう」と誘ってくれたのですが、日本でも大ヒットした『ムトゥ踊るマハラジャ』でした。

行ってみると、渋谷の映画館は立ち見が出るほどの盛況ぶり。アクションあり踊りあり笑いありの娯楽大作で、観客は大声を上げて喜んでいました。

でも、私だけはその盛り上がりについていけませんでした。というのも、この映画がタミール語で作られていたからです。私はヒンディー語圏で育ったから、英語はできてもタミール語はわからない。当時は日本に来て二年くらいしか経っていませんでしたから、日本語の字幕を読むのも難しかったのです。

インドの映画を見て日本人が大喜びしているのに、インド人の私だけが理解できず、黙って見ているしかない……そんな不思議な状況になったのも、インドの民族と言語の多様性ゆえです。

異文化にうまく適応するインド人

さて、アメリカで働くインド人には、自分がインド人であるという意識が薄い人たちも多くいます。アメリカ人になりきることでアメリカ社会に溶け込んだため、アイデンティティとして、自分をインド人ではなく、アメリカ人だと考える傾向があるのです。グローバル化した世界の極端なあり方だといえるでしょう。

アメリカに行けば「アメリカ人」になろうとする。シリコンバレーで働くなら、そこでのやり方に順応する。インド人は異文化のなかでうまくやっていくのが上手だといえるでしょう。だからこそ、インドはグローバル人材を数多く輩出できたのだと思います。

インド以外の国で生活しているインド人の数は、二五〇〇万人から三〇〇〇万人といわれています。アメリカに二八〇万人、旧宗主国のイギリスには一四〇万人。シンガポールにも六〇万人いますし、インドの隣国ネパールには、四〇〇万人が住んでいます。

かつて大英帝国の支配下にあった国には、大きなインド人コミュニティもあります。植民地だったインドから労働者がそれらの国に送られ、そこに根付いたわけです。そういう歴史的な背景からも、インド人は外国に目を向ける傾向があるのです。

一九九〇年代からは、アメリカの大学院などに留学するインド人が増えてきました。当時はインド経済が自由化されたため、外資系企業のインド進出が相次いでいました。同時にITブームもあったため、アメリカはインド人の学生に奨学金を出すなどして、人材確保を進めたのです。

母が朝三時半に起きたわけ

私が生まれ育ったのは、ラジャスターン州のバルメルという町です。バルメルは、州の下に置かれるバルメル県の県庁所在地。とはいっても、かなりの田舎で、貧しい地域でもありました。私が子どもだったころには、三階建てより高い建物がなかったくらいです。

私の家族は、両親と兄、そして私の四人。両親は、きっと大変な思いをして、私たち兄弟を育ててくれたのだと思います。

父の仕事は、政府系の企業の在庫管理。転勤が多いため、単身赴任していた時期も長かった。そして、母は小学校の先生でした。

母は、当時のインド女性としては珍しく大学も出ており、町ではちょっとした有名人。ただ、母が勤める小学校は、家から二五キロも離れていました。自家用車が普及していないインドで、二五キロというのは大変な距離です。母は毎朝、三時半に起床して、私と兄の朝ごはんを作ると、二キロ先の駅まで歩いて行きました。

なぜそんなに早い時間に起きるかというと、電車の本数が少ないからです。午前中は、朝六時の電車しかありませんでした。

私はというと、家から三キロほど離れた小学校に通いました。そのあいだには、電車やバスなどの交通機関はありません。一〇キロ以上も、それも砂漠を歩いて通学する生徒もいましたから、三キロならまだ楽なほうだったのかもしれません。

ちなみに、自転車を買ってもらったのは高校生のときでした。インドでは、自転車も高級品なのです。

小学校に上がるころまで住んでいた家には、電気や水道はありませんでした。夜はランプを使うのです。トイレは近所と共同。石でできた家でしたが、雨漏りがしたのを覚えています。それでも石の家ならましなほうで、近所には牛のフンを塗り固めて作った家もたくさんありました。

小学校に入ってからは父の会社の社員向けの家に引っ越したのですが、そこでも水道が使えるのは週一回、二時間ほどでした。バルメルの周囲は砂漠地帯で、夏は乾季になり、そうすると一ヵ月も断水することさえありました。そこでどうするかというと、大きなタンクがある家に、バケツを持って水をもらいにいくのです。

そういう生活が、当時は普通のことでした。いや、経済成長中の現在でも、インドの国民は大半が貧困層。インドが豊かになってきているといっても、それは一部の話です。

こうした環境で育った私は、理系分野に興味があり、科学者になりたいという夢を持っていました。理系からの就職先としてはエンジニアもありましたが、インドでは、エンジニアは政府の仕事をすることになります。つまり公務員ですが、先述の通り、公務員は汚職にまみれています。

先生が一人しかいない学校で頑張って子どもたちを教えていた母の影響もあってか、私は幼いころから汚職への強い嫌悪感を持っていました。だから、科学者になろうと思い、憧れの存在は、ニュートンやアインシュタインでした。

科学者になるためには、受験して大学に行かなければなりません。私が志望したのは、インド工科大学カンプール校でした。

最高学府の情報もなく受験

インド工科大学は、一九五一年、科学者やエンジニアなどを育成するための国家プロジェクトとして作られました。インドでも指折りの名門校です。

しかし私は、高校卒業の一年前まで、その存在を知りませんでした。これも日本とは大きな違いで、どこにどんな大学があり、そこではどんな勉強ができるのかについての情報が行き渡っていなかったのです。

私が住んでいたバルメルで、過去にインド工科大学に進学した人はいませんでした。インド工科大学の存在を教えてくれたのは兄だったのですが、その兄も情報不足のまま、ラジャスターン州にある大学に進んでいます。兄は小学校では飛び級するほど優秀でしたから、情報さえあれば、インド工科大学に行っていたはずです。

高校の先生も、インド工科大学のことを知りませんでした。大学のあるカンプールという街と私の住むバルメルは同じインド北部ですが、カンプールが北部の中央なのに対し、バルメルは西の端、直線距離にして九〇〇キロほどあります。先生からすれば「どうしてそんなに遠くの大学に行くんだ」と不思議だったのでしょう。

私自身、州にはほかに物理学が学べる大学があったので、インド工科大学を受験すべきか迷いました。しかし兄は、「絶対に行くべきだ」と強く説得してくれました。先に大学生となっていた兄は、インド工科大学の優秀さを周りから聞いていたのでしょう。

バスの運転手に願書を頼んで

こうして進路を決めたのですが、すでに出願の期限が近づいていました。実はそれを知ったのも、兄の友だちが新聞で、たまたま出願期限を知ったからなのです。当時のインドでは、名門大学に関しても、まったくの情報不足だったわけです。

加えて願書は地元では手に入らず、バスで三時間ほど離れた町に取りに行く必要がありました。とはいえ、私の家は貧しく、長距離バスとなるとかなりの出費になってしまいます。そこで、知り合いのバスの運転手さんに頼んで願書を取ってきてもらうことになりました。

そして今度は願書を提出するわけですが、これも一苦労でした。インドは郵便事情が悪いので、確実に届くかどうかわからない。そのため、またしてもバスの運転手さんに頼んで、大学の事務所に願書を届けてもらうことになったのです。

そんな手間をかけて、私はようやく受験できることになったのですが、受験会場は大都市だけ。私は、バルメルから四〇〇キロ離れた、兄の住むビカネールまで行って彼の下宿に泊まり、受験の日には兄に自転車で会場まで送ってもらいました。

合格率一〇〇分の一といわれる難関に合格できたのは、本当に幸運でした。あとから聞いた話では、合格した人たちのほとんどが、中学生のころから塾に通っていたそうです。州の統一試験を自分で受けることに決めたり、独学で英語を勉強して合格した人間は、私を含めほんのわずかでした。

ちなみに現在では、インド工科大学の名前が世界中に知られるようになり、またキャンパスも増えたため、志望者数はさらに増えています。インド工科大学を受験するための塾もインド中にあり、大きなビジネスになっているのです。そのため私の同級生のなかには、大学を中退したあとに塾を作り、大成功を収めた者もいます。

特権層に入るための大学とは

インド工科大学は、その名のとおり理系の大学ですが、インドではトップ中のトップといえる名門校です。自分の出身校をそんなふうにいうのは気が引けるのですが、事実として申し上げると、インドの大学は「インド工科大学とそれ以外」に分かれるといってもいいほどなのです。

インド工科大学は、日本でいえば東京大学法学部のようなもの、そう表現すれば、わかりやすいかもしれません。ですから、エリート養成機関でもあります。

ただ、東大法学部や、アメリカのハーバード大学のビジネススクールやロースクールがエリートを育成する大学として知られていますから、エリートが理系の大学で育つというインドの環境を不思議に思われる人がいるかもしれません。

しかし、そこには大きな理由があるのです。なぜなら、インドには財閥、政治家、高級官僚といった「特権層」が存在するから。彼らの子どもは小学校から私立校に通い、英語で教育を受け、旧宗主国であるイギリスの大学に留学することが一般的です。しかし、特権層ではない出身の人間は、文系の大学を卒業しても出世は見込めません。政治や経済といった分野のトップは、こうした特権層のものになっているからです。

そのため優秀な人材は、理系のインド工科大学に進学し、研究者やエンジニアといった専門職として生きる道を選ぶのです。

インド工科大学の略称はＩＩＴ。これはＭＩＴ（マサチューセッツ工科大学）を意識したもので、実際に両校はつながりが深く、マサチューセッツ工科大学はインド工科大学に教授の派遣などの支援も行っています。

そういう関係から、インド工科大学の学生になればアメリカに留学するチャンスが出てきますし、アメリカで学位を取得して就職すれば、インドでの既得権に関係なく、出世することもできるようになります。

また、インドで一般層の出身者が特権層に近づくためには、数に限りがありますが、上級官僚になるのが唯一の方法です。インドでは上級職を政府が一括採用しますが、その権限は広く、かつ強固なものになります（だからこそ、汚職の温床にもなるのですが）。

こうした上級官僚になるためには、インド行政職（ＩＡＳ）の試験に合格する必要があります。これは外交職（ＩＦＳ）と並ぶ最難関の試験。インド工科大学には、このＩＡＳの試験に合格するために、入学してすぐに勉強を始める人もいます。

つまり、理系の大学に入ったのに理系の専門的な勉強をする気がないということ。ただ、それにも理由があります。

インド工科大学は広く開かれた大学で、学費が非常に安い。学費を抑えるために税金が投入されており、私の時代は、年間で、なんと二〇〇〇円ほどでした。現在は上がっていますが、それでも一五万円ほど。奨学金の制度もあります。

インド工科大学は、名門校というだけでなく、貧しくても学力があれば入ることができるのが特徴なのです。

ですから、上級官僚を目指してインド工科大学に入り、安い学費のもと大卒の資格を得てＩＡＳに合格しようという人もいる。なかにはＩＡＳに合格するまで留年を繰り返したり、入学が簡単な大学院に進んでまで上級官僚になろうとする人もいるくらいです。

つまり、インド工科大学が名門校であるのは、インド人の人生の選択肢、それが狭いところからくるものだともいえます。

インドの学校に給食ができてから

このようなインドでは、小学校に入る年齢は六歳です。しかし小学生時代の私には、どう見ても年上のクラスメイトがいました。というのは、インドでは戸籍が整備されておらず、出生届を出す習慣もないため、誕生日や年齢が曖昧《あいまい》な人が多いのです。

インドでは新年度が七月一日に始まるので、学校に入るとき、誕生日を六年前の七月一日にしたという人もたくさんいました。実際の誕生日がわからないから、とりあえずそうしてしまうのです。でも体つきを見ると、間違いなく私より年上だよな……ということがありました。

そもそも、町で小学校に通う子どもは、全体の半分ほど。親が子どもを学校に行かせようとしないのです。その理由は、「学校で勉強するより、家の仕事を手伝うほうが大事だ」というもの。その親にしても教育を受けていませんから、教育の必要性を感じていないのです。

農家の子どもに生まれたら、家の仕事を手伝って成長し、そのまま農家を継ぐ。読み書きができなくても関係ない。そういう考え方なのです。

学校の先生も適当なもので、無断欠勤する人もいれば、生徒に配るための教科書を本屋に売ってしまう人まで……。

インドで初等教育が広まったのは、一九八〇年代になってからのことです。ここで効果的だったのが、無料の学校給食です。学校に行けばご飯が食べられる。ということは、家の食費が浮く。そう考えて、やっと子どもを学校に通わせる親が増えてきたのです。

そういう時代を知っている私からすると、日本は本当に素晴らしいと思うのです。戸籍が整備されており、みんなが義務教育を受けている。読み書きはできて当然のことです。

近年、問題化しているインターネットでの誹謗中傷《ひぼうちゅうしょう》などについて、ある人がこんなことをいっていたそうです。

「そんなひどいことをする人間でも、読み書きができてパソコンが使えるんだから、日本はすごい国かもしれない」

極端な表現かもしれませんが、確かにそういうところはあると思います。バラつきはあっても、日本では基本的な知識や学力を、平等に身に付けることができる。実は、それは限られた豊かな国にしかできないことなのです。

ふた桁の九九は一四の段まで……

さて、「インド人は数学が得意」というイメージを持っている人が多いと思います。理系の優秀な人材を多く輩出していますし、数学教育が優れているともいわれるのですが、それは決してインド全体のことではありません。学校によって、また先生によって、教え方にはバラつきがあります。

インドのイメージとして日本で有名なものの一つに、「ふた桁《けた》の九九を暗記している」というものがあります。「一五掛ける一五は二二五」という、アレです。が、これも全員ができるわけではなく、学校で必ず教わるというわけでもありません。

ふた桁の九九も、どこまで覚えるかは自分しだい。私の友人には一九の段まで暗記した子がいましたが、私が覚えたのは一四の段まででした……。

実は、いまではもっと先まで覚えているのですが、それは日本に来てから覚えたこと。周りの日本人に「ふた桁の九九ができるんでしょう？」とよくいわれるので、「だったら、もうちょっと覚えておこう」となったのです。

インドにだって、数学が得意な人もいれば、苦手な人もいる。そもそも、小学校に通わせてもらえない人だってたくさんいるのです。

ただ、インドが数学を重視する国で、数学が身近だということは事実でしょう。紀元前から伝わる、バラモン教の聖典に載っている計算法「ヴェーダ数学」を身に付ければ、ふた桁の暗算が簡単にできます。

また私は、友だちとよく数学のクイズを出し合って遊んでいました。日本の子どもが、野球やサッカー、あるいはテレビゲームでコミュニケーションをとるように、私たちは数学クイズを楽しんでいたのです。

「アルコールは悪」の大学生活

日本との違いといえば、大学生活も大きく違います。日本では、大学時代は「モラトリアム期間」、つまり伸び伸びと自由に生きることができる時期だとされていますが、インドではそうではありません。

インド工科大学の学生は、みな必死に勉強します。二年生の前期までが教養課程。そこから専門課程に進級すると、一気に競争が激しくなります。それが、エリートを育てるための学校の方針なのです。

試験はすべて相対評価。つまり何点取ったかではなく、全体で何番目かが重要になります。いい点を取っても、周りがもっといい点数なら落第してしまう。しかも、この試験は抜き打ちで実施されることもあり、学生はいつも気が抜けません。試験前に一夜漬けで勉強するということができないのです。

落第が続くと、退学処分になってしまう可能性もあります。そうなってしまったら、人生設計そのものが崩壊してしまう。学生たちは、みな貧しい生活から抜け出すためにインド工科大学に入ってきています。自分の人生だけでなく、家族の幸せもかかっているという状況です。

そのため落第しないように、食事と睡眠以外は寮でずっと勉強しているような学生もたくさんいました。

そういう意味で私は、日本でいう「青春を謳歌《おうか》する」といった大学生活とは真逆の経験をしました。

ちなみに、私が卒業したインド工科大学カンプール校のあるカンプールという街は、「インドのマンチェスター」といわれる工業都市で、治安の悪さで知られるところでした。そのため女子学生には人気がなく、女性は私たちの学年では三〇〇人中五人ほどでした。

しかもインド人は、あまりお酒を飲みません。ヒンドゥー教で禁じられているわけではないのですが、犯罪の元凶にもなるため、アルコールが悪だとみなされているのです。ですから、学生たちも外で飲み歩くようなことはありません（仲間内でビールなどを飲むことはありますが）。

そもそも、大学は街の中心部から離れているので、飲みに行こうにもお店がないのです。こういうところも、日本と比べると、かなりストイックだといえるでしょう。でも、競争の激しいインド工科大学では、それくらいがちょうどよかったのかもしれません。

自殺者を出しながらの人材輩出

競争が激しいインド工科大学では、友だちを作れない学生もいました。同級生たちをライバルとして見てしまうからです。

大学に入るまでは、みんな故郷でトップクラスの秀才だったはずです。そうでなければ、インド工科大学には入れないでしょう。私自身もずっと成績がよく、それを少し鼻にかけるところがあったかもしれません。

しかしインド工科大学に入学すると、そんな秀才ばかりが集まってきているのです。「上には上がいる」ということを嫌でも味わうことになり、しかも、そんな秀才集団のなかで落第しないように生き残っていかなくてはなりません。

厳しい競争のプレッシャーで、心を病んでしまう学生も出てきます。

ある同級生が、別のクラスメイトのところに、「この本について議論したい」と訪ねてきたことがあったそうです。その本とは、ギリシャ神話を題材にした『シジフォスの神話』でした。神々との戦いに敗れ、大岩を山頂に運ぶ苦役を課せられたシジフォス。しかし山を登っていると岩が重みを増し、支えきれなくなって転げ落ちてしまう。それをまた運び直し……という、延々と続く徒労を描いたものです。

訪問を受けたクラスメイトは、「今晩読んでおくから、議論するのは明日にしよう」といって本を受け取ったそうです。

しかし翌朝、訪ねてきた同級生が自殺しているのが発見されました。勉強ができ、人柄のよさでも知られて人望があった彼も、やはり大学生活のプレッシャーに打ちのめされてしまったのでしょう……。

私が在学しているあいだだけでも、何人もの学生が自殺しています。そんな負の側面も抱えながら、インドは人材を輩出しているのです。

寮の部屋で議論した哲学と宗教

インド人は、もともと哲学的な考え方をするのが好きな人たちです。私が大学生だったころも、勉強で忙しいなか、仲間たちと寮の部屋に集まって、哲学や宗教の話をよくしたものです。たとえば「神は存在するのか」といったテーマで延々、議論するのです。

情報不足であることも、その理由のひとつに挙げられるでしょう。当時はインターネットが普及しておらず、寮にはテレビさえありませんでした。ですから、政治や国際情勢といった現実の話題にうとく、自然と話が哲学的、概念的なものになっていったのでしょう。

そして、そういう議論をするなかで、お互いに刺激し合い、インド工科大学の学生としての誇りを感じていきました。「自分たちは将来、インドに貢献できる人物になるんだ」――そういう共通した意識を持っていたのです。

しかし近年では、学生たちの意識も様変わりしてきたようです。何しろインド工科大学は、優れた人材を輩出する学校として世界中に知られるようになりました。欧米の投資銀行などに就職すれば、新人でも年収一〇〇〇万円を得ることも不可能ではありません。優秀な人材は、高給で囲い込まれます。

私が学生だったころはゴールドマン・サックスという名前すら知らないくらいだったのですが、いまでは優秀な学生が一流企業に大歓迎されるのは普通。そうなると、「国に貢献したい」という思いより、「自分がいかに出世するか」を考えるようになるのが当然なのかもしれません。

インド人には集団よりも個人で動くことを好む傾向があるのですが、それが近年、さらに強くなっているような気がします。インド工科大学の厳しい競争と、それを生き抜くことで保証されるいい暮らしも、個人主義に拍車をかけているのでしょう。

しかしそうなると、バランス感覚やリーダーシップには欠けてしまいます。つまりインドでは、社会を引っ張るような、世の中のことや全体のことを考えるような存在が少なくなってしまうわけです。

それを憂慮してか、インド工科大学は、より幅広い人材を育成するために経済学部を新設しました。哲学や社会学、ジャーナリズムなどの授業にも力を入れるようになっています。

インフラが貧弱なインドの強み

経済が発展するなかインドで大きく変化したのが、「情報」の量です。さまざまな情報が、国民のあいだに行き渡るようになりました。

かつてのインドでは、新聞が普及していませんでした。テレビも、一九八〇年代までは一般家庭には縁遠い高級品。学生時代の私がゴールドマン・サックスを知らなかったのも、当時のインド人としては普通のことだったはずです。

しかし、一九八〇年代からは（チャンネルや放送時間は限られていましたが）テレビが普及しました。そのことで、自分の身の回り以外で起きているできごとも知ることができるようになり、また一九九〇年代からは、固定電話のある一般家庭も少しずつ増えてきました。私の家に電話が引かれたのは、私が大学を卒業したころです。

そして経済の自由化によって、インドではIT関連業界が大きく発展することになりました。IT革命がアジアに波及し、中国や台湾がハードウェア（パソコンの部品など）の製造拠点となったのに対し、インドはソフト開発、関連サービスの拠点となったのです。

英語と数学に秀《ひい》でたインドの学生の就職先として、ＩＴ関連をはじめとする欧米の企業は大きな受け皿になりました。二一世紀になった瞬間、世界中でコンピュータが誤作動するといわれた二〇〇〇年問題の際には、問題への対処にたくさんの人手が必要とされたため、インドの若い人材が採用されています。

インドがＩＴで大きく飛躍したのには、インド国内の事情も関連しています。たとえば中国では製造業が盛んですが、そのためには鉄道や道路といった物流のためのインフラが必要になります。中国では、この物流インフラの開発を政府主導で急速に進めました。そのことで、安価な製品を大量に作り、輸出で稼ぐことも可能になったわけです。

それに対してインドでは、インフラ開発が遅れています。民主主義国家ですから、中国のように国家が強引に進めるというわけにもいきません。よくあるのが、大規模な公共事業が土地の所有権問題などで進まなくなってしまうというパターンです。

インフラがないから、インドは生産拠点としては他国に劣ってしまう。工場の生産性も、決して高くありません。インドは個人主義が強い国ですから、工場のように「みんなで協力し合って作業する」ということには向いていないのかもしれません。

そういうなかで、大規模なインフラが必要なく、人材の力に負うところが大きいソフト開発などの産業が伸びたのだと思います。モノよりも情報……そんなインドの発展の仕方は、現代社会のビジネスのあり方にも合致していたといえるでしょう。

携帯電話の普及率も高く、ほぼ全人口と同じ台数が使われています。一人でいくつも使うお金持ちもいますが、貧しい地域でも普及しました。自転車より先に携帯電話を買うという人も多く、携帯電話はインド人の生活に欠かせないものとなっています。

インドの中間層の暮らしは

インドでは、経済の発展にともなって中間層も急速に増加しています。おそらく、インド人全体の二割から三割になるのではないでしょうか。

中間層はどの国でも購買層の主力であり、中間層が増えたことは、それだけ国が豊かになったといえるでしょう。まだ日本などの先進国には届きませんが、インドは確実に成熟しているわけです。

この中間層、インドでは二つに分かれます。一つはアッパー・ミドルクラス。月収一〇〇万円以上といった人たちで、メイドを雇ったり、運転手付きの車で通勤したりと、富裕層ではありませんが、かなり上の生活をしているといっていいでしょう。

彼らのなかには海外留学や海外での就職から帰国した人たちが多く、外資系企業のインド法人で幹部を務めていたりします。かつてのインドは財閥や役人などの特権層と貧困層に分かれていましたから、彼らは経済自由化後のインドを象徴する「新しいインド人」の代表例でもあります。

もう一つ、アッパー・ミドルクラスの下の平均的な中間層とはどんな人たちか。これは私の兄がぴったり当てはまると思います。彼は大学を卒業し、現在はインドの政府系銀行で支店長を務めています。

専業主婦の妻と娘二人がいて、月収は約七万ルピー。日本円でいうと、およそ一三万円弱といったところです。日本の基準からすると少ないように思えますが、インドでは充分、エリート層だといえるでしょう。社宅である一〇〇平方メートルのマンションは家賃がかかりませんから、そういう点でも恵まれています。

「周りに見せる」意識とは何か

兄が住んでいるのはパンジャブ州のパティアラという中規模都市ですが、もしニューデリーで同じレベルの物件を借りようと思ったら、兄の月収がまるごと必要になるでしょう。インドで最も物価が高いのはムンバイですが、そこだと家族で生活するのに月収二〇万ルピー（約三七万円）は必要です。

日本でも、中間層が東京の中心部に一軒家を購入するのは難しい。少し離れた、いわゆるベッドタウンに住むことが多いように、インドの平均的中間層も郊外に住んでおり、通勤に二〜三時間かかる場合もあります。

しかも電車や地下鉄はまだまだ整備されていませんし、バスを使っても渋滞がひどい。距離が近くても移動に時間がかかってしまうのがインドの現状なのです。

兄が持っている車は、スズキの軽自動車。ローンの支払いは月に一万円程度です。娘二人は高校までは国立の「中央学校」で授業料がかかりませんでしたが、受験のために塾に通う必要があり、月五〇〇〇円ほどかかっていました。

外食にもお金がかかります。安いレストランもたくさんあるのですが、地位も収入もある程度しっかりしている中間層の人間は利用しません。家族四人で五〇〇〇円くらいかかるレストランに行くのです。

それがステータスですし、安全で快適な食事をしようと思ったらそれくらいかかってしまう。何より、「それなりに稼いでいるのだからちゃんとした店に行くべき」という、「周りに見せる」意識が強いのがインド人の特徴なのです。

自分の稼ぎを見せつける背景

インドは、日本とは比べものにならないくらいの格差社会です。孫正義《そんまさよし》氏以上の大富豪もいるのですが、しかし人口の大半は貧困にあえいでいるのが現状です。

こうした格差は、経済の自由化と発展によってさらに拡大しました。その波に乗ってお金持ちになった人と、波に乗れなかった人の差がはっきりと出たわけです。

そして、お金持ちになった人は、その豊かさを見せびらかすことが多い……テレビを見ていると、お金持ちの豪華な暮らしを紹介する番組がたくさんあります。日本では、富をひけらかすのは品のない行為とされていますが、インドにはそういう感覚がないのです。

というのも、これまでインドでは汚職がはびこっていましたから（いまでも根強く残っています）、インドの社会には透明性がありませんでした。新聞やテレビも行き渡っていませんでしたから、誰が、どんなふうにお金を稼いだのか、どのくらいの財産を持っているのか、それが明らかになっていなかったのです。

つまり、役人が汚職で儲けていい暮らしをしていたとしても、それが明らかにならなかった。もちろん地元の人たちは知っていましたが、それは仕方のないことだとしてあきらめていました。

しかし、現在では世の中が変わり、チャンスも広がりました。インド工科大学のような名門校を出て、大企業で働いて出世したり、あるいは起業すれば、人並み以上の生活ができるようになったのです。また、自分がどれだけ稼いでいるかを人に見せなければ、周りから信用されないという面もあります。

二七階建ての自宅の意味

このように、自分が稼いでいるということをしっかり見せる——それがインド人にとっては普通の感覚です。たとえば、インド有数の大富豪であるムケシュ・アンバニ氏は、二七階建ての自宅を建てました（オフィスビルではなく自宅です）。

それは派手好きだからということではなく、そうすることで自分を認めてもらうということなのです。中間層も同じで、そのステータスに合った生活をしなければ、同じ層の仲間に入れてもらえないという問題が出てきてしまいます。

また、日本ではお金持ちが質素な暮らしをしていると褒められますが、インドでは逆……「あいつは本当に稼いでいるのか？」となってしまいます。格差社会ということもあり、「人を見た目で判断するな」ではなく、「人を判断するには見た目から」がインドなのです。

ましてインドは治安が悪いですから、お金を持っているのであれば、それに見合った出費をすることは、自分や家族の安全を守ることにつながります。

貧しい地域の安いレストランで食事をしていれば、事件に巻き込まれる危険性が格段に高くなってしまう。警察も、犯罪があった場所や被害者によって対応が違います。

出費を抑えようと思って貧困層の多い地域に住み、安価なレストランで食事をしていると、その人がいくらお金を持っていても貧困層だと思われ、被害を受けても警察が相手にしてくれないということもあるのです。

そんなインドですから、人々は着るものにもとても気を使います。

ですから、贅沢《ぜいたく》な暮らしをすることは単なる成金《なりきん》趣味ではなく、必要なことだからこそやっているのですが、もちろんそこにはマイナス面もあります。

昔のインドでは、貧しいのが当たり前でした。しかしいまでは、お金持ちになるチャンスがある。日本人なら、それを「努力しだいで成功できる」と考えることでしょう。しかしインドでは違うのです。

そう、「努力しだい」ではなく「チャンスしだい」と考えてしまうのです。

「誰と付き合うか」で決まる成功

インドでチャンスをつかむにはどうすればいいか。一般的な考えは「何をするか」ではなく「誰と付き合うか」です。自分の力で頑張るのではなく、成功者のパートナーになって、栄華への道をショートカットしようとするのです。

成功者に認められれば、本当は一〇の能力しかなくても、一〇〇の権限を持ってビジネスをすることができる、というわけです。それがインド人にとっての「成功」のイメージ。インドでは「いかに短期間で、うまくやって成功したか」という話が好まれます。

日本人も本音のところでは同じなのかもしれませんが、それを表立っていうことは決してないでしょう。楽をして稼ぐというのは恥ずかしいことだという、社会的なモラルがあるからです。

ですが、インドにはそういう感覚がありません。あまりにも急速に、しかも一部の産業だけで経済が発展したために、「頑張って成功する」というごく当たり前の感覚が麻痺してしまったのかもしれません。

また、交渉がうまかったり、ごまかすことができる人が優秀だとされる。うまく立ち回って、ズルをして成功した人は、「グッド・ネゴシエーター」だということになるのです。

賄賂をもらわなかった伯父の運命

そんな現在のインドには、起業家として成功した人、財閥などの後継者として成功した人たちのほかに、土地成金もたくさんいます。経済成長にともなってインドの都市部では不動産価格が急騰しました。その波に乗って巨額の富を得た人たちがいるのです。

土地の売買には、当然ながら利権が絡みます。つまり賄賂も横行しやすい。だからこそ「誰と付き合うか」が重要になってもきます。

これは、既得権を持つ財閥の二世たちにもいえることで、特権層が限られた情報を交換して、自分たちだけで利権を回しているという問題もあります。

重要なのは、そうした問題の捉え方です。インド人の多くは、こうした人たちを「そんなことをして稼いでも仕方ない」とは思いません。むしろ「うらやましい、自分も仲間に入りたい」と思うのです。

逆に、頑張って働いている人を馬鹿にするような風潮も出てきました。

そのいい例が、私の伯父、父の兄です。彼は国営の建築会社に勤め、正直な仕事ぶりで知られていました。しかし、「その正直さがよくないことだ」などといわれてしまったのです……。

伯父の職場は国営の建築会社ですから、やろうと思えばいくらでも汚職をするチャンスがありました。関連する民間企業から賄賂を受け取ることなど簡単だったでしょうし、おそらく同僚たちはみな、もらっていたはずです。

しかし、伯父だけはそれをしませんでした。お金を得ることよりも、正しく生きることのほうが大事だと考えたからです。

ところがそういう生き方は、インドでは、「せっかくのチャンスを活かさない、バカな生き方だ」とされてしまうのです。

「みんなが賄賂をもらっているのに、お前だけもらわないのはおかしい」

「正しく生きるのは勝手だが、その考え方のせいでお金を儲けることができず、子どもたちを犠牲にしているじゃないか」

伯父はそう批判されました。子どもたちにさえ文句をいわれたそうです。それが、いまのインドの考え方なのです。

頑張りは評価されないインド

しかし、そういう考え方では、インドのどこかにしわ寄せがいってしまいます。誰かが笑ったら、見えないところで誰かが泣いている、そういう世の中です。

二〇年前のインドでは、一番のお金持ちが誰なのかをみな知りませんでした。しかし、いまは誰もが知っていますし、そのランキングも気にしています。成功したかどうか、どんな車を持っているか、家がどれくらい大きいかをみなが注目しており、株主や大手企業のオーナーがどれくらいお金を持っているかを知っています。

そこでは、どれだけ頑張ったかは関係ありません。頑張っているからといって評価されるわけではないのです。つまり、インドでは社会的な価値観が劣化しているといえるでしょう。そんな世の中だと、いつか全体が行き詰まってしまうのではないかと私は思います。

日本にも、昔は公的な「長者番付」があったと聞きます。ただ、それは納税額のランキングなので、実際に持っているお金とは食い違いがある場合もありました。節税したかしないかで差が出るので、純粋なお金持ちランキングではありませんでした。長者番付の上位になって有名になる人が出てきても、成功を収める過程でどれだけ頑張ったか、つまり苦労話に注目が集まったといいます。

――考えてみると、いまの時代は、人を焦《あせ》らせるようにできているのかもしれません。企業は四半期ごとに評価されます。そして評価の基準は株価。だから視野が短期的になってしまいます。しかし株価の上下は、実体経済そのものの上下ではないから、実は不自然な指標なのです。

不自然なことでお金持ちになったり、お金を失ったりする現代。世界で一番お金持ちになる方法も株の取引です。変動が激しいから、不自然な仕組みでも、短期間でお金持ちになれるわけです。しかしそういうやり方は、いつ限界が来ても不思議ではありません。

日本とインドをつなぐのが使命

かつてインドでは、その巨大な人口が足かせになっていました。しかし初等教育が普及することで、巨大な人口という足かせは、しっかりとした能力のある労働力に変わり、経済の自由化もあって、インドは急速な発展を遂げることになります。経済学でいう「人口ボーナス」とは、まさにこのことでしょう。

その後押しをしたのが、ＩＴ産業です。そして国が豊かになっていくにつれて中間層も増え、インドは巨大な労働力だけでなく、巨大な購買力を持つ国に成長しました。

先述したように、インドがＩＴ産業にマッチしていたのには、鉄道、道路、工場といったインフラが整備されていなかったからという面もあります。

かつてのインドは計画経済でしたから、人々のなかに「料金を払って高速道路を使う」という発想さえなかったのです。貧しいからということもありますが、道はタダで使うのが当たり前。時間がかかるのも当たり前で、それを不思議だとは感じていませんでした。道路が整備されていないのは仕方がないことで、仕方がなければあきらめてしまうのがインド人なのです。

ただ、国が豊かになるにつれ、高速道路などのニーズも高まってきます。アメリカ留学から帰ってきた人などが、インドの不便さについてあらためて気づく場合も多い。そして、信じられないような大金持ちがいる一方で、日本では考えられないくらい貧しい人もいるのがインドなのです。

つまり、ＩＴ産業が盛んなのに、道路も充分に舗装されていない……そういうちぐはぐさが、インドの特徴だといえるでしょう。実際、インド全体では、いまでも国民の三分の一が電気のない生活を送っています。

そういう状況から、インドはいままさに物流や製造のインフラを作り上げようとしています。インドはやはり、まだまだ発展途上なのです。

そして、これからどうインフラを作っていくかという課題のなかで、日本から学ぶことは非常に多いと思っています。二〇一五年一二月に決まった日本の新幹線の導入などは、その最たる例です。

アメリカなどから帰国し、外資系企業のインド法人の幹部になったり、起業したりしたインド人は、世界とインドをつなぐ役割を果たそうとしています。私は、日本とインドをつなぎたい。それくらい、日本に惚《ほ》れ込んでいるからです。

では、日本のどんなところが優れており、どんなところをインドに持ち込むべきなのか――次章から詳しく書いていくことにしましょう。

第三章　「瞑想の国」ニッポン

「人の目を気にする」よさがある

日本で暮らしていると、人々のマナーのよさがいたるところで目に付きます。たとえば仕事で日比谷《ひびや》に行くと、東京宝塚劇場の前でたくさんの女性たちが静かに列を作っています。お金持ちそうなご婦人もいれば、学生さんのような人も……さまざまなタイプの人が、同じマナーを共有しているわけです。

宝塚劇場に限らず、人気のラーメン屋さんなど、日本人は列を作ったり、静かに待っていたりすることが得意なのだと思います。ラッシュの時間帯でも電車の乗り降りがスムーズですし、ここでもきちんと列を作っている。東日本大震災の帰宅困難者ですら、駅の階段では、通行者の迷惑にならないよう端に整然と座っていた光景を、世界は驚きの目で見ました。

また、路上禁煙のルールが定められてからは、東京の道でタバコを吸っている人の数がぐっと減りました。逆に喫煙所はいつも大混雑しているようですが、それは多くの人が路上禁煙を守っているからでしょう。

日本人のマナーがいいのは、人の目を気にするからでもあると思います。

「こういうことをしたら恥ずかしい」

「周りの人に変な目で見られてしまう」

そういうことを、日本人はことのほか嫌がる。「人の目を気にする」というのは「右へ倣《なら》え」的に見えて独創性がない……そんなネガティブなイメージが付きまといます。あるいは、アメリカの子どもは「他人と違う発想をしろ」といって育てられる、だから起業家がたくさん生まれるのだ、と。しかし、ことマナーに関していえば、「人の目を気にする」のは、よいことではないでしょうか。

「人の目を気にする」ということは、周りの人たちと「やってはいけないこと」の感覚を共有することでもあります。自分が嫌なことは、相手も嫌なことだとわかっているわけです。そういう均一性があるからこそ、日本人はマナーがいいのでしょう。

スマホと牛丼でわかること

日本でも、格差社会は大きな問題になっています。貧困の問題もクローズアップされるようになってきました。もちろん、これは解決しなければならない問題ですが、一方で私は、「やはり日本は贅沢《ぜいたく》な国だなぁ」とも思うのです。

仕事がなく、将来への希望も持てない……そんな若者でも携帯電話を使っているというのが、私にはとても興味深く感じられます。インドでも携帯電話の普及率は高いのですが、日本ではスマートフォンを使いこなす人も多い。やはり「貧しさ」の基準が違うのでしょう。

日本、特に都会で暮らしている人は、インドの基準からすれば充分に豊かな生活をしているように見えます。外に出ればお店がたくさんあり、三〇〇円ほどでおいしい牛丼を食べることができます。あるいはお弁当屋さんの食べ物も、びっくりするくらい美味ではありませんか。

加えて、夜中に道を歩いていても、犯罪に巻き込まれる可能性など、ほとんどありません。

孤独を感じられる日本人の幸せ

また、日本では「孤独」を感じて生きている人が多いようですが、これもインドではありえないことです。なぜなら、インドでは人付き合いが生きていくうえで欠かせないものであるからです。家族のつながりも深いものがありますし、近所との付き合いも大切にします。

なぜか？　日本と違ってインドでは、急病になっても電話一本で救急車が来てくれるわけではありません。そんな環境はまだ、整備されていないのです。病院に行っても診察を断られることすらあります。

だからこそ、近所付き合いから人脈を広げていく必要があるのです。インドには賄賂の風習が根強く残っていますが、それはインドが「コネ社会」であることをも示しているわけです。

コネがあれば、病院で優先的に診てもらえますし、犯罪の被害にあったときも、警察に知り合いがいれば丁寧に扱ってくれるでしょう。

インドでは、他人同士でも、電車やバスで隣り合わせになったら世間話を始めるような雰囲気があります。他人との距離が、日本よりもはるかに近い。それは、人との結び付きを強くしておけば、自分が生きやすくなるからなのでしょう。

日本で孤独に悩む人がいるのは、一人でも生きていけるだけの環境が整っているからではないでしょうか。周囲の人たちと支え合わなくても、とりあえず生きていけるから、自分を孤独にしてしまうことも可能になるのです。

一方のインドでは、親の支えを当てにして自分の部屋に引きこもるなどということは、現実問題として不可能なのです。

さらに、インドには年金制度がありませんし、介護施設も整備されていません。だから歳をとったら子どもの世話になるのが当たり前で、そういう意味でも家族の結び付きが深くなければなりません。

先進国には先進国の悩みがある。それは理解できるのですが、やはりインドで生まれ育った私には、豊かさから来る悩みがあるということ自体が驚きなのです。

日本のみなさんは、自分が住んでいる社会がいかに恵まれたものであるか、時には思いを馳せてみてもいいのではないでしょうか。

「先生」と呼ぶ文化の背景

さて、先述したインドに広まっている「稼いだ人間が偉い」「楽をして儲けることが素晴らしい」という風潮は、経済成長以降の新しいものです。

昔のインドでは、そうではありませんでした。私が子どものころのインドは、お金持ちと教師だったら、教師のほうが尊敬されるという雰囲気でした。

しかしいまは、お金持ちのほうが偉いし、そうなるための手段は問われなくなっています。お年寄りのなかには、こうした風潮を嫌う人も多くいます。

そんなインドから来た私にとって、努力を尊いものだとする日本の文化は素晴らしいものであり、また懐かしく感じるものでもあります。「先生」という言葉も、実にいいものです。

たとえば日本では、学校の教師を「先生」と呼びます。田中さんという教師がいたら、呼び方は「田中先生」です。しかし、これを英語でいうと「ミスター・タナカ」です。つまり「田中さん」という以上の意味はありません。

先生というのは「マスター」「師匠《ししょう》」といった意味合いがあります。つまり学校の先生は、単に勉強を教える仕事というだけでなく、未来ある子どもに知識や生き方を授ける重要な役割があるとされている。そうした尊敬の念を込めて、「先生」という言葉が使われているのだと思います。教師のことを「聖職」と呼ぶのも、それだけこの仕事が重要視されていることの証明だといえるでしょう。

「先生」として敬われれば、教師は自分の仕事に自信が持てますし、責任感も出てきます。そういう人に教えられた子どもたちが、次の世代で新たに社会をよくしていく役目を担うわけです。

日本でほかに「先生」と呼ばれるのは、医者や政治家、それに作家などでしょうか。医者は人の命を預かる仕事ですし、政治家は世の中をよくする使命を授かっています。作家も、優れた作品を書くことで人の人生に影響を与えることがあります。

そういう人たちが「先生」と呼ばれて尊敬されるのは、非常に素晴らしい文化だと思います。日本では、仕事を通じて人を導いたり、あるいは人によい影響を与えるということが、社会一般に深く根付いて認識されているのです。

日本のスポーツ環境でわかること

さて、私が日本に住んでいて常に感じるのは、この国にはいたるところにスポーツ施設があるなあ、ということです。学校の校庭にはサッカーのゴールや野球のネットがあることが珍しくありませんし、地方の街にも公共の体育館があり、そこでバレーボールやバスケットボールをすることができます。

学校では、部活動でさまざまなスポーツから自分が好きなものを選ぶことができますし、少しお金に余裕があれば、子どもをスイミングスクールなどに通わせることもできます。大人でも、ゴルフや草野球、あるいはフットサルなどを楽しんでいる人が少なくありません。

ということは、日本ではスポーツを楽しむという文化があり、そのための設備も整っているということです。文化と経済のバランスがいいから、スポーツを楽しむことができるといってもいいでしょう。しかし残念ながら、インドには、こうした環境はありません。

このようなインドでもクリケットは人気で、プロリーグにはスポンサーが付き、トップ選手は日本円にして億単位の収入がありますが、それは最近になっての事情です。以前はスポーツ選手として生きていこうと発想すること自体が難しかったですし、もし、そう考えたとしても、「スポーツばっかりやって、将来どうするつもりなんだ」といわれておしまいでした。

一日に一〇回も会議ができる国

哲学好きな国民性ということもあるのでしょう、インドでは、スポーツができる人より頭のいい人のほうが優れているという風潮があります。肉体を使って相手を打ち負かすのではなく、頭を使って相手を論破するほうがレベルが高いというわけです。

実際、インド人にはオリンピックで活躍した選手がほとんどいません。人気があるのはクリケットを筆頭に、バドミントン、ビリヤード、射撃など……しかし、あまり激しく体を使うものではありません。

しかも、人気があるのは個人競技ばかりです。クリケットは団体競技ですが、チームワークや連携は必要ありません。議論好きな国民なので、一致団結するというのが苦手なのかもしれません。

また、学校には部活動がありませんし、スポーツ施設自体が極端に少ない。きちんとした施設でスポーツをやろうと思ったら、何時間もかけて通うしかないのです。

たとえば、放課後に片道二時間かけて水泳ができるプールに行ったとしましょう。往復で四時間、練習を二時間したとすれば、それだけで六時間かかってしまいます。それでは家の手伝いもできませんし、受験勉強にも支障が出てしまう。未舗装の道路が多く、公共の交通機関も整備されていないインドでは、同じ距離を移動するにも、日本の倍以上かかってしまうことが珍しくありません。

日本では気軽にスポーツを楽しむことができますが、それはとても贅沢なことといえるでしょう。

移動という点では、海外から日本に来るお客さんが感じるのは、「日本ではたくさんのミーティングをすることができる」ということです。

東京では、短い滞在期間中でも、詰め込めば一日に一〇回前後のミーティングができます。でも、インドでは二、三回がいいところでしょう。それだけ移動が大変なのです。たいした距離ではなくても、片道三時間、四時間とかかってしまうことはザラにあります。渋滞が多いですし、そもそも舗装された道路も少ないのです。

こういうところからも、日本とインドの違いがわかります。

ケネディの名演説は理解できない

日本に住んでいると、当然ながらテレビで見るスポーツも日本中心になります。オリンピックの中継も、日本代表の試合がほとんど。それを見ていていつも感じるのは、日本人は本当にチームワークがいい、ということです。

サッカーをはじめとする団体競技だけではありません。卓球の団体、陸上や水泳のリレーでも日本のチームワークは目立ちます。個人競技でも、その背景にはチームワークがあるということが、日本の選手を見ているとよくわかるのです。

そして、日本選手がいい結果を残したとき、必ずといっていいほど語られるのが、「支えてくれた人」の存在です。家族、コーチ、仲間の選手たちや応援団……個人競技の選手も、いわば「団体戦」をやっているということでしょう。

チームがあって、そのチームワークがいいからこそ、その代表である選手個人が結果として輝くことができる。日本ではそう考えるのです。

これは、スポーツの世界に限った話ではありません。日本人は、個人の実績や成果よりも、その人のチームや社会への貢献度合いを重視する傾向があるように思います。

自分がどうかというよりも、それが集団のために役に立つことなのかどうかを考える。チームの一員であることを優先する。みんながそう考えるから、チームのなかで価値観や目的意識が共有される。その相乗効果で、さらにチームワークがよくなる。それが日本における集団の特徴だと、私は感じています。

かつて、アメリカのジョン・F・ケネディ大統領は、「国があなたに何をしてくれるかではなく、あなたが国に何ができるかを考えよう」と訴え、それは歴史に残る名演説とされています。しかし日本人にとっては、自分がいる集団に貢献しようとするのは当然のこと。もしかしたら、ケネディの名演説がピンとこない人がいるかもしれません。

ジョブズは日本にはいらない

そういう日本だからこそ、指摘される問題点もあります。

「日本人は個人で目立つのが苦手で、なかなか主張しようとしない。だから図抜けた人材が育たず、リーダーシップに欠けるところがある」――こうした意見を、みなさんも聞いたことがあると思います。

ただ私は、日本人にリーダーシップがないとは思いません。そうではなく、リーダーシップのあり方が欧米とは違うだけなのではないでしょうか。

スポーツの世界でもビジネスの世界でも、日本人は「恩師」や「師匠」、あるいは「先輩」の存在をよく口にします。「裏方《うらかた》」という言葉もポピュラーです。人が何か結果を出したとき、そこには協力してくれた人、指導してくれた人、支えてくれた人がいて、そのおかげで成功できたと考えるのです。「あの人には世話になった」という言葉も、よく耳にします。

つまり、日本では強力なカリスマ性で人々を引っ張るのではなく、目立たなくても尊敬されることで人々に影響を与える存在こそが「リーダー」なのではないでしょうか。上から、あるいは前から引っ張るのが欧米型のリーダーシップ。しかし、日本の場合は、下から、もしくは裏から支えるかたちでリーダーシップが発揮されるのだと思います。

立場が上の場合でも、チームを見守りながら実力を発揮させるのが、日本では、よいリーダーなのです。

よく、「日本にはなぜスティーブ・ジョブズのような卓越した経営者が生まれないのか」ともいわれます。しかし、ジョブズは日本どころか世界でも一人だけ。生み出そうと思って生まれるものではないような気がします。

というよりも、そもそも日本の社会は、ジョブズのような人材がいなくても、うまくやっていけるようにできているのではないでしょうか。

もちろん、グローバル化の時代には強力なリーダーシップを発揮する人も必要でしょう。グローバル化した世界では、変化への迅速《じんそく》な対応が求められるからです。ただ、だからといって、日本ならではのリーダーシップのあり方を捨てる必要はありません。

日本はほかの国々と比べると貧富の差が小さいですし、「支えるリーダーシップ」が発揮しやすい環境です。日本がグローバル化にいかに対応するか——そのポイントは、「いかに日本らしさを失わないか」ではないでしょうか。

日本の若者は本当にダメなのか

日本のメディアを見ていて感じるのは、「日本人は日本を見る目がとても厳しい」ということです。私から見たらとても素晴らしい国なのに、世の中に対する不平不満を持つ人は多いようですし、政府の政策や異なる世代を批判することが、よく見られます。それだけ完璧を目指していて、少しの不備も見逃さないということなのかもしれませんが。

そのなかでもよく聞くのが、若者への批判です。おそらく昔からそうだったと思うのですが、大人というのはどうしても、若者が未熟に見えてしまうのでしょう。たとえば、こんなことがいわれています。

「最近の若者は社会に関心がなく、自分や身近な人たちだけがよければいいと思っている。人生の目的もなく、仕事にも熱心ではない。楽に稼げる仕事ばかりやりたがっている」

……そういう面もあるかなとは思いますが、私が出会う若者には、熱い気持ちを持った人が多いのも事実です。講演などで大学に行くと、若者たちの熱意に感心するケースが多々あります。

以前、九州大学で講演したときには、受講者の一、二年生に、「インドと日本のあいだのビジネスプラン」というものを作ってもらいました。

そこで出てきたアイディアは、インドの開発に欠かせない水処理の事業や、昔の日本にあった寺子屋のような私塾をインドに広げて教育に貢献する、などといったプラン。加えて、カラオケで娯楽市場を開拓することなどなど……実際に実現可能に見えるものがたくさんありました。

私の講演を聞きに来るくらいですから、そもそも熱心な学生なのでしょうが、それにしても優秀だと思います。

なかには「収入はどうでもいいので、とにかく日本とインドをつなげるビジネスがしたいんです」といって、私に仕事を紹介してほしいと求めてきた人もいました。海外に目を向ける学生が多くなっているのだと思います。

世界貢献を目指すのが日本の若者

日本はすでに高度経済成長を果たしましたから、お金もインフラも知的財産も豊富にあります。ということは、現代に生まれ育った若者は、頑張らなくてもある程度、快適な生活を送ることができるわけです。そのため、必死になって頑張り、いい生活を送りたいと思うようなハングリー精神は、なかなか持つのが難しいでしょう。

ただ、いまの若者たちは「自分がいい生活をしたい」というのではなく、別の意味での熱意は持っているのです。それが「社会をもっとよくしたい」、あるいは「世界に貢献したい」という夢です。こうしたものが、いまの若者が頑張るモチベーションになっているのだと思います。

そうでない人もたくさんいるとは思いますが、少なくとも私が接してきた若者には、社会貢献への思いを持つ人がたくさんいました。

私の会社に来る新入社員たちにも優秀な若者が多いのですが、彼らの目的はお金儲けではありません。それよりも「何か面白い仕事がしたい」「仕事を通じて世の中をよくしたい」と考える人が主流です。

実際、日本には高い技術や資本、専門的な知識がありますから、それを使って発展途上の国々に大きな貢献をすることができます。

「日本は豊かさに恵まれているからこそ、世界中の発展に貢献する夢を持って頑張ってほしい」——私は若者たちには、いつもそういって激励しています。

丁寧な天気予報と旬の食物の関係

二〇一四年のことです。仕事中に外に出たら肌寒くて、あわててユニクロに立ち寄ってヒートテックのシャツを買いました。

たくさんの街にあるユニクロは、日本の便利さを象徴するものの一つといっていいでしょう。下着からコートまで、ほしいと思ったときに、いつでも安い値段で買うことができます。私のように「今日は寒いな」と思ったら、そこでシャツを買い足すようなこともできるわけです。

ただ日本人の社員は、しっかり天気予報を見ているのか、みな家を出るときから厚着をしてきたようです。こういうところからも、日本人は用意周到で計画性が高い人たちだなあと思います。

日本人は、前の晩か当日の朝に天気予報をチェックして、気温が低くなりそうなら厚着をしていくし、雨の予報なら傘《かさ》を持っていく。「夕方からは雨になります」という予報なら、ちゃんとカバンに折りたたみ傘を入れておきます。

実際、朝夕のニュース番組では、お天気コーナーが非常に充実しています。どんな服を着ていくといいか、傘は必要かどうかなど、細かい地域ごとに教えてくれるのです。洗濯に向いている天気かどうか、花粉が多いかどうかまで伝えてくれます。

それに、もし傘を忘れてしまったとしても、コンビニなどで安いビニール傘を買うことができますから、ほとんど不便はありません。それでも、しっかりと天気予報を見て服装を考えるし、傘を持っていく。こういうところにも、「準備万端整えて、あとになって慌てない」という、日本人の特徴が出ているように思います。

このように日本人は、ほかの国の人に比べて、本当によく天気を気にします。季節の移り変わりにも敏感です。

インドにも四季はあるのですが、日本人ほどには気にしていません。春になると花見をし、秋には紅葉を見に行く。そういう感覚も、いかにも繊細《せんさい》な日本人らしいと思います。

服を買いに行っても、春物、秋物、冬物など、季節に合わせたものがバラエティ豊かに揃えられています。ほかの国では、そこまで区別されていません。日本に来る外国人のなかには、一〇月を過ぎてもTシャツと短パン、という人もいます。それで寒くなければ問題ないのですが、「ちょっと寒いから何か一枚羽織る」というのは、日本人らしい行為なのかもしれません。

食べ物もそうです。夏は土用《どよう》の丑《うし》の日に鰻《うなぎ》を食べますし、冬は鍋料理が人気になる。季節によってこれほど食べ物が変わる国も珍しいのです。この季節はこういう食材が取れるから、こんな料理がおいしい、ということを知っているのでしょう。

季節や旬に敏感だということは、日本人が自然の移り変わりに合わせた生活をしているということの証左なのでしょう。

インドのジュガールと日本の瞑想

インドには、ジュガールと呼ばれる思考法があります。これは知恵を働かせて、貧しい暮らしのなか、いかに人生を豊かにするかを考えるものです。

たとえば、深い井戸から水を汲《く》み上げるときに、人力では無理だから電気でポンプを動かす。しかし電力がないから、オートバイのエンジンでポンプを動かしてみる。そういう発想をするのがジュガールなのです。

このようにインドでは、自分で努力や工夫《くふう》をして不便さを補うのは普通のこと。貧しい家では、学校で使う鉛筆だって親が用意してくれないこともあります。近くの店に売っていないということすらありますが、そのときにどうするかを、インド人は子どものころから考える癖がついているのです。

鉛筆が手に入らなかったら、学校ではその理由を先生に説明しなくてはなりません。つまり、自分がどんな状況なのかを説明し、理解してもらうことに、インド人は慣れているのです。こういうところからも、議論好きなインド人が育っているのだと思います。

またインドでは、学校のカリキュラムが整備されているわけでもありません。学校によって、あるいは先生によって教え方はまちまち。ですから勉強に関しても、自分で独自に努力し、工夫する必要があるのです。

そういう環境だからこそ、優秀で、かつ野心的な人材が生まれるのだと思います。

ただジュガールは、「その場しのぎ」という感じもします。バイクのエンジンで井戸から水を汲み上げることはできますが、その分のガソリンは必要ですし、その時間はバイクが使えなくなってしまいます……。

とはいえ、インド人は変化への対応に強く、何事にも臨機応変に対処できるという強みがあるといえるでしょう。

日本人はその逆で、決められたことを着実にやり遂げるのは得意なのですが、変化に対しては弱いような気がします。というより、変化そのものを好んでいないというべきでしょうか。

しかしそれは、日本が安定した社会、つまり大きく変化しなくても大丈夫な社会を長年かけて作り上げてきたからでもあるのではないでしょうか。

日本人には、常に心の平穏があります。日本社会を見ていると、人々がみな、瞑想《めいそう》をしているようにも感じられるのです。

満足に対する考え方が豊かな日本

先述したように、インドのお金持ちは自分の富を「見せてなんぼ」という感覚があります。そうしなければ信頼されないという事情もあるからです。

しかしそこには、私から見るとバカバカしいとしか思えないこともあります。たとえば、ヨーロッパの高級なスポーツカーを買ったとしても、その性能が活かせるわけではないからです。

インドでは舗装されていない道がたくさんある。特に都会の道路はいつでも大渋滞。インドでは傷が付いていない車のほうが少ないくらいですから、高級車を買っても、ステータスを誇るという以上の意味はない。それよりも、日本の頑丈《がんじょう》で故障しにくい車を使うほうが、よほど便利です。

仮に自家用ヘリコプターを買ったとしても、それを使うことができるヘリポートは、インドにはほとんどありません。

そんなインドと比べると、日本は「満足」に対する考え方が豊かだと思います。もちろんブランド志向の人もいるとは思いますが、いまのインドや中国ほどではないはず。

日本人が大事にしているのは、それぞれの価値観でしょう。「足るを知る」という言葉もあるように、自分が何をしたいのか、どうなったら満足なのかの基準をしっかり持っている人が多いように思えます。

北島康介はなぜ水泳を続けるのか

自分のなかの基準に達すれば満足。ほかの人がどうなのかは、あまり気にしない。それが日本人なのでしょう。いうならば、自分ならではの「道」を持ち、そこを進むことが美徳とされているのです。

たとえば、水泳の北島康介《きたじまこうすけ》選手は、何度もオリンピックに出場しました。普通に考えれば、「もう何個も金メダルを獲得しているのだし、それほど頑張る必要はないではないか」となってもおかしくはありません。

しかし北島選手が求めているのは、メダルや世界記録といった栄光だけではないのでしょう。おそらく、彼が追い求めているのは「水泳という競技を究《きわ》める」ということだと思います。

栄光を勝ち取ったり、周りから称えられることではなく、水泳という「道」を邁進《まいしん》し、そのことで、自分を高めようとしているのです。

これは、一般のビジネスパーソンにも通じることだと思います。日本には、歳をとっても一生懸命に働く人が多い。欧米の感覚からすれば「何もそこまでやらなくても」となるでしょう。

たとえばニューヨークのウォール街で働く金融マン金融レディのなかには、「四〇歳までにひと財産を作ってリタイアしたい。そのあとはカリブ海の島にでも住んで、カクテルを飲みながらのんびりするよ」というタイプが多いのです。

しかし日本人が歳をとっても働くのは、貧しいからではありません。働くことを苦労だとも考えていないでしょう。北島選手と同じように、仕事をするのは自分を高めるため。仕事という「道」を納得いくまでまっとうしたいのです。

外から見ると、日本人は他人と同じような仕事をしていて、個人差がないように見えるかもしれません。しかし心のなかでは、それぞれの基準で満足感を持ち、それを満たすために仕事をしているのです。

日本には「起きて半畳、寝て一畳」という言葉もあります。立っていたら畳半分ほどのスペースがあればいいし、寝ても一畳分でいい。そんなに贅沢をする必要はないのだ。そういう教えです。

「児孫《じそん》のために美田《びでん》を買わず」というのもいい言葉です。子どもたちのためによい田んぼを残すと、子どもたちが努力をしなくなってしまうからよくない、というわけです。

こういう言葉が残っている日本には、やはり独特の美徳があります。本当に魅力的な国なのです。

第四章　豊饒な日本流ビジネス

ノープラン旅で知った日本の本質

三連休を利用して旅行に行ったことがあります。とはいっても特に目的地はなく、何も決めないまま、私はとりあえず東京駅へ向かいました。知らない場所に、行き当たりばったりで旅をしてみたかったのです。

そして、駅の案内所でお薦めの場所を聞いてみました。とりあえず「北のほうがいいです」とだけリクエストすると、「八戸《はちのへ》はどうでしょう」と薦められました。

そこで、新幹線の切符を買って八戸へ向かったのですが、八戸の駅の周りは畑や田んぼばかりでした。自然のなかに、テクノロジーの結晶としての新幹線の駅があるという光景はとても新鮮で、これも日本ならではのものだなと思ったものです。

八戸では観光案内所で十和田湖《とわだこ》を教えてもらい、レンタカーで向かいました。それから青森市内で一泊することに……すると、予約していなかったにもかかわらず、すぐに部屋を取ることができたのです。

これは日本だからこそできたことでしょう。ほかの国でちゃんとしたホテルに泊まろうと思ったら予約が絶対に必要ですし、高い料金もかかります。インドだったら三万円から四万円はするのではないでしょうか。

ところが日本では、ビジネスホテルならすぐに取ることができますし、一万円以下の値段でもかなり快適です。清潔で、たくさんのアメニティが用意されていますし、インターネットもつながります。

そもそも、きれいな水が出たり、途切れずにお湯が出るというのも、途上国ではなかなかないこと。しかし日本では、それが当たり前のことになっています。

翌日は、青森からフェリーで函館《はこだて》へ向かいました。そこで一日観光して、さらに次の日は札幌へ。そこから飛行機で東京に戻ってきました。

かなり変則的で、まったくの無計画な旅。それでも私は、ぜんぜん苦労することなく、行く先々の景色や食べ物を満喫することができました。それだけ、日本はインフラが整っており、サービスもいい国なのです。

よほどのことがない限り「あの地域は危ないから行ってはいけない」ということもありませんから、知識がなくても旅を楽しむことができる。そういう安全なところも日本の魅力です。

「失われた二〇年」は本当か

思い立ったその日に、本州で最も北にある青森県まで新幹線で行ける——このこと自体すごいことです。

日本では、全国各地が新幹線でつながっています。二〇一五年には、北陸新幹線が金沢まで開通しました。二〇一六年には、北海道新幹線が函館に届きます。

新幹線だけでなく、東京では、地下鉄の大江戸線や副都心線も開通しました。東京湾の上を走ってお台場に渡る「ゆりかもめ」もありますし、移動はかなり便利です。通勤ラッシュもだいぶ緩和されたのではないでしょうか。

日本は一九九〇年のバブル崩壊以降、約二〇年のあいだ経済が停滞し、それを「失われた二〇年」といいます。しかし、その二〇年間も、新幹線や地下鉄の新しい路線ができたり、豊洲《とよす》や辰巳《たつみ》などにはマンションが次々と建てられてきました。

「この二〇年が『失われた』ものだなんて、まったくもって嘘ではないか」——それが、東京で生活している私の実感なのです。

もちろん新幹線や地下鉄は、景気が悪くなる前から計画されていて、それがここに来て完成したということではあるのでしょう。ただそれも、何十年前からの計画を、経済の浮き沈みがあるなかでしっかりとやり遂げたということですから、誇っていいと思います。ベルリン新空港の開港が何回も延期されているドイツとは、大違いなのです。

「失われた二〇年」のあいだにも、日本はどんどん住みやすい国、便利な国になっています。

インドに日本の新幹線が走る日に

その新幹線といえば、本数が多いことも印象的です。「のぞみ」「こだま」などたくさんの種類があり、ほぼ一〇分おきくらいのペースで発車しています。

それだけシステムが複雑なのですが、それでも事故は起きません。日本の新幹線は、世界一安全なのです。

海外にも高速鉄道はありますが、本数はずっと少ない。だいたい三〇分おきくらいでしょうか。止まる駅のパターンも日本のように細分化されていませんし、日本よりずっとシンプルな仕組みです。つまり、そうしないと安全性が保てない、ということなのでしょう。

実際、インドでは、鉄道の事故がとても多く発生します。鉄道の安全性には、技術だけでなく、文化も関係しているのだと思います。たとえば運転士や駅員の真面目《まじめ》さも、重要な要素ではないでしょうか。

たとえば日本の駅では、駅員さんが出発の際にしっかり指をさして安全確認をしています。そうしなくても機械としての電車は動くのでしょうが、そこに一見、無駄とも思える手間ひまをかけることで、安全性を高めている。それが文化というものです。

ですから、これからインドで高速鉄道を発展させていくには、人材の育成も大事になってきます。そういう面でも、インドは日本の力を必要としているといえるでしょう。

実際、インドの新幹線の開発には、日本の企業が数多く参加する予定になっています。JRに加えて日立製作所といったメーカー、それにサービス業関連の会社も関わる予定です。

日本の鉄道網には都市開発も関係しています。大きな駅には駅ビルがあり、そこにはたくさんの店が入っている。そういうところも日本のよさで、インドでも新幹線を開設するなら、サービス業も欠かせないというわけです。

日本では、たとえば東北に行って寒いと感じたら、駅ビルのユニクロでセーターを買ったりすることが簡単にできます。単に「人がたくさんいるところに駅を作る」というのではなく、駅を中心にして周囲を開発していくのです。

新幹線の駅からほかの路線やバスへのアクセスがいいのも、日本の特徴です。このように日本では、たくさんのことが有機的につながり、上手に開発されています。

東京の電鉄会社の協力体制から

こうした鉄道と都市開発の関係について、東京急行電鉄の担当者に話を聞いたことがあります。

東京の西部は、ＪＲと、東急、小田急電鉄、京王電鉄の三つの民間鉄道が中心になって開発されてきたそうです。駅ビルがあり、バスが出ていて、公園や学校、娯楽施設もそれに合わせて計画されたとおりにできているのです。

そして、これができたのは、日本社会に信頼関係があったからだそうです。

電車の路線を作る計画があると、ほかの産業もそこに加わってくるわけです。ここに駅ができるなら、このあたりにはショッピングセンターが必要。住宅街はこの辺が便利。そのように包括的に考えるには、各産業の信頼関係が必要なのです。

住宅街があっても、駅が近くなければ不便です。だから一緒に考える。みんなでやろうという考えがあり、それがみんなのためにもなる。つまり、東京の西側は、日本らしいチームワークの賜物《たまもの》だといえるでしょう。

私がインドに持っていきたいのは、こうしたチームワークで作り上げるパッケージそのものです。鉄道を開発するとか、お店を出すとか、製品を輸出するということだけでなく、それら全体……そしてそれは、仕事をきちんとやり遂げるマインドの部分から育てたいのです。

インドにとって大事なのは、日本という素晴らしい前例があるということです。だからこそインドにもできる。世界のどの国でもできていなくても、日本ではできた。その前例が、インドの力になるはずです。

投資先として見た日本の魅力

あるとき、知り合いの娘さんがインドから日本に来たことがあります。経済産業省の仕事に関連して知り合った、インド人経営者の娘さんです。

彼女は日本に関して、とても不思議な部分があるといっていました。

「なぜ、日本は外国に原発を売ろうとしているのでしょうか？　危険だとわかって、日本では原発を動かすのをやめたではありませんか。日本は充分に豊かな国なのですから、そこまでして儲けようとしなくてもいいではありませんか」

……確かに、一般常識としてはそのとおりでしょう。ただ、そこには事情もあります。

グローバル化した社会では、海外の投資家は、日本企業の動きに目を光らせています。投資家というのは、いくら稼いでも満足することがない人たち。そして企業は、彼らからの投資で成り立っています。

そのため、企業も投資家と同じように欲深く、どんどん稼ぐ姿勢を見せなければならないのです。

日本は素晴らしいところがたくさんある国ですが、投資家にとっての魅力に乏しいという面がある。数字に表れる経済成長をしてこなかったので、株価も上がりにくく、それが投資家にとっての「つまらなさ」になってしまった。先述の原発輸出も、そうした事情から生じたプロジェクトなのかもしれません。

ただ個人的には、原発輸出に政府が関与する必要などないと思います。それよりも、先ほど述べた新幹線や、あるいはお得意の環境技術、そして安全でおいしい農作物などを輸出して、世界を豊かで暮らしやすくしてほしいと思います。

これらが実現すれば、日本はより一層、投資家にとって魅力的な国になると思います。いや、世界一魅力的な投資先になるはずです。

幼い子のいる親にタクシー券を

さて、その日本の経済成長を考えると、やはり問題となるのは少子化です。人口が減ると、その国の将来性も疑われるので、投資家も意欲を示さなくなります。逆にいえば、日本に関する不安や課題は、そこだけだといってもいいでしょう。

高齢化に関していえば、日本のお年寄りは元気なので、それほど問題ではないと思っています。むしろ、六〇歳になったら定年退職というのはもったいない。働ける人はどんどん働いてほしいと思います。

一方の少子化は、日本社会の成熟の証左という面もあります。子どもが少ないということは、結婚する人が少ないということ。それだけ女性が経済的に自立できているわけで、成熟していない社会では、女性は男性の経済力に頼らざるをえません。

すなわち、いまの日本では、女性が結婚しなくても将来への不安がない、ということ。

だからこそ結婚を焦りませんし、男性に求める条件も高くなっています。

ただ、独身の女性たちに話を聞いてみると、「結婚をしたいわけではないけれど、子どもは欲しい」という人がたくさんいます。そういう人たちのための政策も、これからは必要になってくるのではないでしょうか。

シングルマザーを勧めるわけではありませんが、そういう人たちも生活しやすい環境になれば、少子化の問題もだいぶ変わってくるのではないでしょうか。

フランスのように子どもを作ったら手当を充実させるという政策は、日本でも充分に可能でしょう。加えて保育所の数を増やすのは緊急の課題です。

ただ、保育所の数が多いだけではいけません。東京では、幼児を乗せたベビーカーを押すお母さんが電車に乗ってくることがよくあります。電車が混んでいるときには、迷惑がられることもあるようです。しかし問題は、「ベビーカーで満員電車に乗るのはマナー違反かどうか」ではないと思うのです。

本当の問題は、幼い子どもがいる親が、混んでいる時間に電車に乗って保育園に送っていき、そこから職場に向かわなければいけない、その環境そのものです。

それを解決するために、たとえば幼児がいる家庭にはタクシー券を支給するような政策があってもいいのではないでしょうか。決められた時間帯に、決められた距離や料金の範囲内で使えるチケットです。

日本という国の経済的な豊かさを考えれば、これはすぐにでも実現可能だと思います。こうした政策を実施することで、子どもを作りたいという人はかなり増えるでしょう。

そうして子どもができれば、親にもいい影響があるはずです。人生の新たな目的ができるわけですから、もっと仕事を頑張ろうという気にもなるのではないでしょうか。

いまのままでも、日本はこの先一五年は大丈夫です。しかし、二〇年先には、少子化の果ての不安もあります。二〇年後の未来のために、いま予算を使っておくことが大事なのです。

子どもは国の未来を作ってくれる、宝物のような存在です。子どもは親が育てるのではなく、国全体で育てるもの――そういう意識が広まれば、日本の未来はさらに明るくなるでしょう。

年功序列のすごい効用

さて、日本ならではの習慣として問題視されることもある年功序列。「ただ長く働いているだけで偉《えら》くなれたり、給料が上がっていくのは、おかしいではないか」という意見は、私にも理解できます。

ただ、年功序列には年功序列のよさもあるということが、日本で暮らしていると、非常によくわかってきました。

最大の効果は、それが心の平穏をもたらしてくれる、ということです。それが、前章に記したように、「瞑想の国」を作ったような気がします。

年功序列の会社では、よほど大きな成功や失敗がない限り、将来を予測することができます。つまり、安定しているということ。ということは、不安も少ないということでもあります。

するとみんながある程度、一緒になって進んでいくわけですから、激しい競争は起きにくくなります。しかしインドでは、そうはいきません。

社員同士は、仲間というより競争相手です。誰かが成功すればジェラシーの対象になりますし、他人の給料が上がったぶん、自分の給料が減るかもしれない、そう考えるのです。ですから誰かが出世することは、「自分はクビになるかもしれない」という危機感を増幅させることにつながります。

そうした落ち着きのない働き方を避けるという意味では、年功序列もいいものだと思えます。

まして日本は綿密に計画を立て、慎重にビジネスを進めますし、チームワークを活かして仕事を進めるのですから、安心して長期間、同じ会社で働くことこそが効果的なはずなのです。

満員電車が平気な日本の心象風景

日本の風景として、通勤ラッシュの満員電車は海外でも有名です。その風景を撮影したインターネットの動画が話題になったこともありました。ただ、その動画は昔の日本のもので、東京には地下鉄の路線も増えていますから、そこまでひどいラッシュではないと思うのですが……。

とはいえ、満員電車で通勤するのは大変です。でも、日本人はそれを黙々とこなしています。

電車に乗り込むときには、きちんと列を作って並んでいます。降りる人が先で、そのあとに乗るというマナーも徹底されている。こういうことも、日本が文化的に成熟しているからこそ可能なのです。

サラリーマンが満員電車に耐えられるのも、日本社会の成熟ゆえのことだと思います。インドのように常に激しい競争にさらされ、落ち着かない日々を過ごしていては、満員電車のストレスに、いつしか耐えられなくなってしまうでしょう。

ここにも、日本人の心の平穏が表れています。

満員電車で通勤するのは大変だけれど、毎日会社に行くことによって、自分の生活は間違いなく安定する。明日もすごくいいことは起こらないかもしれないけれど、悪いことも起きないだろう。明日も今日と同じような一日で、平穏無事に暮らすことができる——。

そういうふうに思って生活できることは、実はとても恵まれたことなのだと、インド生まれの私は感じます。

カリスマがいらない国

こんな日本のビジネス界では、才能は横並びで、突出した人物が生まれにくいともいわれます。「日本にスティーブ・ジョブズのようなカリスマ経営者が生まれないのはなぜか」といったことを問題にする人もいますが、そもそもジョブズのような人物は、先述のとおり、世界でも一人だけです。

というより、日本はジョブズのようなカリスマに引っ張られなくても、みんなの力でうまくやっていくことができる社会を作り上げたのです。いってみればカリスマがいらない国、ジョブズのようにはなれない大多数の人々にとって生きやすい国……それが日本なのです。

そういう日本のあり方は、人よりよい結果を残して出世しよう、人より何倍も稼いで金持ちになろうと考えるタイプの人にはつまらないかもしれません。でも、グローバル社会だからといって、あらゆることを世界基準に合わせる必要はないのです。

実際、日本企業のなかには、能力主義や成果主義を導入したものの、日本人には不向きだといってやめてしまったところもあります。有名なところでは、富士通がそうです。しかし、全体がうまくいくためには、それでいいのではないでしょうか。

もともとは中国の言葉だそうですが、日本では「中庸《ちゅうよう》」という言葉がよく使われます。真ん中のあたり、普通であることが一番いいのだ、という考え方です。しかし欧米などでは、普通であることはよくないとされます。みんなと同じではいけない、常に個性的であれ、ユニークな考え方を持て、といわれるのです。

ただ、そういう風潮がプレッシャーになる人だっています。実際、アメリカ人のなかにも、「いつも個性的でなきゃいけないなんて、疲れるしうんざりする」という人もいますし、彼《か》の国の精神安定剤の売れ行きは、おそらく世界で断トツの一位でしょう。

日本人は、普通であること、みんなと一緒であることが好きな国民性です。たとえば、グループで食事に行ったときも、最初に注文した人にならって「私も同じもので」ということがよくあります。気がついたら、全員が同じものを頼んでいたということも珍しくありません。

それは外国人から見たら滑稽《こっけい》な光景かもしれませんが、みんなと一緒であれば安心することができるわけですから、それでいいのだと思います。少なくとも、そこに「私だけはみんなと違うことをしなければ」というプレッシャーは、影も形もありません。

インドのカレーとCoCo壱番屋の差

さて、みなさんもちろんご存知だと思いますが、インドには実に多種多様なカレーがあります。たとえば、私の出身地である西インドのカレーは、とても辛《から》いのです。というのも、西インドは砂漠地帯なので、保存が利《き》くように辛くしてある、ということなのでしょう。胡椒《こしょう》などが代表的ですが、スパイスは食べ物を腐りにくくする働きがあるといわれています。

一方で、南インドは新鮮な食材があり、魚やエビも食べる。食文化が違うため、私はインドにいた二三年間、エビを食べたことがありませんでした。エビを初めて食べたのは、日本に来てから、築地の寿司屋でのことでした。

一口にカレーといっても多種多様です。というより、インドでは「カレー」という料理があるのではなく、スパイスを利かせた食べ物全般が、インド人にとってのカレーなのです。

たとえばインドには、ナスに切り込みを入れ、そのあいだにスパイスを加えて焼いた料理があります。これもカレーの一種であり、とてもおいしいのです。

そもそも、「カレー」という名前は、イギリスに渡ってから付けられた名前だそうです。日本人にとって醬油《しょうゆ》を使った料理や味噌を使った料理は当たり前、わざわざ「醬油料理」や「味噌料理」とは呼ばないのと同じで、インド人にとっての「スパイス料理」も多種多様なのです。地域によって使う材料が違いますし、味付けもかなり異なっています。

ですから、インド人にとっては日本のカレーライスも、多様なカレーのなかの一つ。受け入れられないものではありませんし、むしろとてもおいしく感じます。

特に私が好きなのは、CoCo壱番屋のカレーライスです。いかにも日本的なカレーで、いわゆるインド風ではありませんが、だから食べたくなるのかもしれません。チェーン店であることも、それがまたいい。いつでも、どこでも、好きなときに食べられる「おなじみの味」になっています。

日本カレーはインドで成功するか

CoCo壱番屋など、日本のチェーン店は高品質で、しかも安定しています。どの店でも同じ味が確実に楽しめる。品質にバラつきがないから、安心して食べることができます。言い方を換えると、ハズレがないのです。

逆にインドは多様性が特徴なので、カレーも店によってバラつきがあります。品質がいいところもあれば、悪いところもある。さすがに本場ですから、日本に比べるとはるかに種類が多いのですが、安心して食べられるのは日本のカレーだと思います。

実は、CoCo壱番屋はインド進出を検討しており、私はそれを支援するコンサルタントを務めています。浜島俊哉《はまじまとしや》社長もインドに渡り、視察を行いました。

浜島社長はデリー、ムンバイ、バンガロールで、さまざまなレストランに行ったそうです。この場合の「さまざまな」というのは、「所得層別」という意味。インドでは貧富の差が激しいですから、ミドルクラス以下の人たちが入れないレストランもあります。その一方で、貧しい人たちが主な客層のところもあるのです。

浜島社長の感想は、「日本のカレーはアッパーミドルより上の人が食べているものとよく似ている」というもの。「富裕層の人たちは健康に気を使っているため、油の量が少ないものを食べている」と感じたそうです。

逆に貧しい人たちが食べるカレーは、油をたくさん使うことでおいしさ、食べたときの充実感を演出しているといいます。

日本のカレーは、インドの富裕層の人たちにマッチするのではないかと、浜島社長は考えたそうです。私も同感ですが、このことは実際にインドのカレーと日本のカレーを食べ比べてみないとわからないことかもしれません。

日本のカレーにも、高級なものと庶民的なものがあり、店によって値段も違いますが、家庭料理でもあるために、「カレーというのはこういうもの」というイメージは共有されています。みんなが同じイメージを共有している事柄が多いのが、日本という国なのです。

大きな違いがないから、ほかの人への想像力が働きます。だから他人にも優しくできる。カレーからも、そういうことが見えてくるのです。

CoCo壱番屋がトヨタになる日

カレーでインドに進出しようと考える、これにはかなりの自信が必要でしょう。なにしろ相手は「本場」なのですから。

浜島社長は、「カレーはどこの国に持っていっても、それなりに評価される食べ物だと思っています。それほど完成度の高い料理なのです」といっていました。

実際、CoCo壱番屋はタイや香港にも出店していますし、私もタイで「なじみのある味」を求めてCoCo壱番屋に行ったことがあります。日本でも、米軍基地の近くにある店舗には、アメリカの軍人がたくさん来ているそうです。

「カレーに民族の壁はない」というのが、浜島社長の信念だそうです。だからインドに進出するのも、決して特別なことではないと考えていました。

インド進出を考えるきっかけとして、浜島社長が以前、トヨタのトップと話をしたときのことを教えてくれました。自動車大国であるアメリカに日本のメーカーが輸出し始めたころのことを、その人は「CoCo壱番屋がインドに行くような話」だ、といっていたそうです。

しかし、トヨタはアメリカ輸出に成功しました。相手が「本場」でも、本当にいいものを作れば、それを求める人がいるということです。日本のカレーをインドに「輸出」するのもそれと同じなのだと、浜島社長は考えているようでした。この話を聞いて、私は鳥肌が立ったのを覚えています。

カレーという食べ物はインドからイギリスに渡り、そこから日本に伝わってきました。浜島社長は、CoCo壱番屋のカレーをインドに「里帰り」させて、「こんな形になりました」といってお披露目《ひろめ》したい、そんな気持ちを語ってくれました。

実際、インド人の私が食べてもCoCo壱番屋のカレーはおいしいし、お店の雰囲気や清潔感、サービスなども含め、インドのカレーが「カイゼン」されたものだといえるでしょう。「カイゼン（改善）」とは、トヨタを筆頭に日本の製造業で取り入れられている、効率や安全性の見直しのことです。

日本では自動車に限らず、あらゆる分野で、「いまあるものをもっとよくするにはどうしたらいいか」を日夜、考えているのだと思います。

フランスでは、日本人が作るフランス料理が人気だそうです。これも日本による「カイゼン」の好例だといえるのではないでしょうか。

浜島社長は、日本のカレーをお披露目するわけですから、インドに進出するからといって、味を変えることはしたくないそうです。そして日本の文化を知ってもらい、日本人のホスピタリティ、あるいは、おもてなしの心を感じてもらう、そうしたことも実現したいそうです。

日本人に休日がいらないわけ

浜島社長からは、ほかにもたくさんのことをお聞きしましたし、そこから学ぶことも非常に多かったと感じています。

特に印象的だったのは、海外進出のパートナーを選ぶ際の基準。CoCo壱番屋が海外に出店するときには、現地の事情に詳しいパートナーも必要になるのですが、そこで最も重視するのは、「CoCo壱番屋のカレーが好きかどうか」だそうです。

いくら資金を持っていても、自分たちのカレーが好きではない人とはうまく仕事ができない――そういう考え方なのです。

「仕事を愛してくれる人と手を組んでいけば、成功する確率は極めて高い。これまで進出した国々では、そういう感覚でパートナーを決めてきました」

こういう考えは非常に日本的で、なおかつ素晴らしいものだと思います。ベースに「好き」という感情があるからこそ、一生懸命に仕事をすることができる。「儲かればいい」という考えだけでは、成長の過程で、必ずどこかに破綻《はたん》が生じてしまうのではないでしょうか。

日本人は仕事に打ち込むことで知られています。外国人の目から見れば、もっと休みを取って、自分の時間を持ったほうがいいのではないかと感じるかもしれません。もちろんそれも一理あるのですが、日本人は何よりも仕事が、自分のやっていることで生み出される商品やサービスが、好きなのだと思います。

好きだからこそ、もちろん手抜きなどしないし、そもそも仕事イコール人生の修行なのですから、たくさん休む必要などないのでしょう。

日本式とインド式を融合すると

さて、そんな日本が大好きな私ですが、仕事をするうえでは、日本とインドの慣習の違いに苦労したことがたくさんあります。

まず不思議に思ったのは、会議での発言が非常に少ないこと。会議というのは活発に意見を交わす場所だと思っていたのですが、日本ではそうではない。にもかかわらず、ものごとがスムーズに決まっていくのも不思議でした。

あとになってわかったのは、会議の前にかなりの部分で話がまとまっていたということ。バブル経済の時代に欧米でも有名になった「根回し」です。

日本のビジネスパーソンは、会議の場ではなく、レストランで食事をしながら、あるいは居酒屋でお酒を飲みながら、事前に話を進めておく。喫煙所の立ち話で方向性が決まることもあるのです。

「根回し」というと、「陰でこそこそやっている」というイメージもありますが、効率的な仕事の進め方だともいえるでしょう。「仕事は仕事、プライベートはプライベート」とはっきり分けるのではなく、あらゆる機会を活かして仕事を円滑に進めようとするわけです。そういう段取りを踏むことによって、仕事の成果が、より向上していくのです。

一方のインドには、たくさんの民族が存在しますし、言語もさまざまで、貧富の差も大きい。ビジネスのやり方も、地域や会社によって大きく違います。いろいろな考え方、アイディアを持った人がいて、それらがぶつかり合うことで、大胆なイノベーションが生まれ、急速に経済成長したという面があります。

おそらく、グローバル化する世界のなかで「標準」とされるのは、このインドのほうでしょう。ただ、根回しのようなスタイルが実現できるのは日本だけ。これから求められるのは、変革に強いインド式と、改善に向いている日本式をうまくミックスすることではないでしょうか。

このように、日本の場合、ビジネスや社会システムをただ単にグローバル化すればいいというものではないと思います。グローバル化するなかで、日本のよさはどこにあるのか、それをあらためて見直すことこそが重要になってくるのだと思います。

システムがあるから個人が自由に

さてある日、新橋のガード下にある飲み屋で友だちとお酒を楽しんでいたら、近くの席によく知っている顔がありました。

「あの人、知っているな……誰だっけ？」

少し考えて思い出したのですが、その人は現職の大臣……ニュースなどでよく見るから、顔を覚えていたのです。そこであらためて入り口を確認すると、そこにはＳＰも立っていました。

きっと若いころから行きつけの店で、大臣になっても通い続けたということなのでしょうが、それにしても現職の大臣がサラリーマンと一緒になってガード下で飲んでいるというのは、私にとっては驚くべき光景でした。インドであれば、まずありえないことです。

日本であれば「庶民的な店に行く」というのはよいことなのかもしれませんが、インドでは「自分より階層が下の店に行く」というのは見栄《みば》えが悪いこととされます。加えて、思わぬ事件に巻き込まれかねないですし、要人であれば暗殺される危険を冒すようなものです。

日本人の知り合いにこの話をしたら、こういって笑っていました。

「まあ、大臣の替わりはいくらでもいるからね」

彼によると、「日本ではトップが誰かは重要ではない」とのこと。確かに、考えてみれば、日本で重要なのはシステムを支える大多数の人々のほう。トップの人間が強力なリーダーシップを発揮して組織を引っ張っていく、そんなスタイルではないのです。

インドでは、個人の力がものすごく重要です。というのも、社会にシステムやルールが整備されていませんし、過去の例がないからものごとに対処するための知識の蓄積もありません。つまり、一人にかかる負担が非常に大きいのです。

しかし日本では、社会を有効に回すシステムが確立されているため、個人にかかる負担が少ない。システムのなかに組み込まれるというと不自由な感じがするかもしれませんが、実際はそうではありません。

システムがしっかりしているからこそ、個人にかかる負担が少なく、それぞれが自由な感覚を持てるということでもあるのです。

これは知り合いから聞いた話ですが、二〇一一年三月一一日の東日本大震災のとき、東北新幹線が止まって閉じ込められてしまった人たちがいました。停車したのは観光地として有名な那須塩原《なすしおばら》だったそうです。

夜になって列車から出られることになると、高架下では、地元の消防団の人たちが提《ちょう》灯《ちん》や懐中電灯で照らしていてくれたといいます。そして地元の旅館に案内され、「何もありませんが」と、おにぎりとお味噌汁を出してくれた。加えて温泉にも入れてくれたそうです。そこで一泊し、朝になるとJRが手配したバスで宇都宮《うつのみや》まで……。

予定が大幅に狂ったことは間違いありませんが、その人は思いがけない親切に感動したそうです。こういう親切を、誰が命じるわけでもなく、みんなで自発的にできるのが日本のシステムなのだと思います。

意思決定が遅いのは実は長所

日本企業のインド進出をサポートするなかで、私がよく感じるのは、意思決定が遅いということです。私に限らず、外国の企業はほとんどがそう思っているのではないでしょうか。

実際、日本とインドの自動車部品メーカーの提携話が、これを理由に白紙になってしまったこともあります。日本側が、一年以上も結論を出さなかったためです。

また、日本企業がインドのインフラ整備への投資を検討していたものの、最終的な決定をなかなか出さないでいるうちに、中国や韓国の企業が受注してしまったという場合もありました。

インドと日本では、企業の意思決定のスピードが違います。日本の企業の多くは長い歴史を持っていますから、それだけ組織が細分化されていますし、意思決定のプロセスも細かい段階に分かれているわけです。

日本の意思決定の仕方は、まずたくさんの部署から情報を集め、じっくり時間をかけて計画を練り、みんなの合意を得て初めてゴーサインを出す、というもの。しかし、そこにはプラス面もあります。

日本では転職する人が少ないですから、長期にわたるプロジェクトでは、同じ人がずっと関わっているというケースが多々あります。そのため、事業の継続性が保ちやすい。また、職場では同じ仲間たちと長く付き合うので、何か問題があっても協力し合って解決していくのが難しくありません。

ところがインドでは、そうはいきません。企業の組織化はまだまだ発展途上。経済成長のなか転職する人も多いので、ひとつのプロジェクトでも環境の変化が激しいのです。そういう状況では、じっくり計画を立てて意見をまとめていくというような作業は、非常にしにくいといえましょう。

そのため企業では、トップの人間が限られた情報をもとに自分の判断で意思決定していくことになります。当然、相談する相手も限られる。つまり、ビジネス環境の激変に対応していくスピードこそが、最も重視されているわけです。

だからこそ意思決定も速いのですが、そこには、あとになって計画を見直さなければならなくなるというリスクもあります。

日本とインドには、このような状況の違いがあります。それを理解しておかないと、せっかくのいいプランもまとまらなくなってしまうことがあるでしょう。

そのため私としては、日本企業には意思決定のスピードを意識してもらいたいですし、逆にインド企業には、しっかりとした事業計画を立ててほしいと思います。

ただ私は、どちらかというと、後者が重要だと思います。なぜなら、日本の意思決定の遅さは、決して悪いことばかりではないからです。

というのも、意思決定が遅いということは、しっかりと情報を集め、綿密に計画を練ることの結果でもあるからです。

だからこそ、いったんスタートしてしまえば、間違いが少なく、スムーズに仕事を進めることができる。逆にインドのやり方は意思決定こそ速いものの、計画に粗《あら》があるため、何度も修正していく必要が出てきてしまいます。

ミスが少ない日本式の利点

また日本では、サービス業でも、保守的な約束が交わされることが多々あります。どれくらい時間がかかるかと聞かれると、長めに期間を取る。つまり、無理な約束はしないのです。

ただ、その分、決められた期間できっちりと仕事をしてくれますから、やはりあとになってミスが見つかることが少ない。逆にインドでは、とりあえずスタートしてはみたものの、途中でミスが連発するということがよくあります。

たとえば、インドで「英連邦スポーツ大会」を開催したときには、インフラの建設が進まず、急遽《きゅうきょ》、二倍の予算をつぎ込んで、なんとか間に合わせたということがありました。

しかも、そうやって「間に合わせ」で作った施設なので、現在はもう使われていません。せっかく使ったお金が無駄になってしまった、ということです。

日本でも二〇二〇年の東京オリンピックに使う新国立競技場のプランが白紙になる、というトラブルがありました。が、それは例外的なことだと思います。

というのも、オリンピック開催が決まるまでは、一九六四年のオリンピックのときに作られた体育館などが、長年、使われてきました。それだけ計画的に、長持ちするように施設が作られていたのです。加えて長持ちするということは、環境にもいい、ということです。

結果をトータルで見れば、プロジェクト全体にかかる時間やお金は、日本式のほうが少なくて済むということがいえるでしょう。

日本の意思決定の遅さは、慎重さや綿密な計画があるからこそ。そこには失敗をしないという類《たぐい》まれな長所があるのです。

第五章　インドと日本は最強コンビ

早稲田や慶應は知らないインド

インド工科大学は、歴史的に外国と提携してキャンパス作りを行ってきました。私が学んだカンプール校は、アメリカの支援でできたもの。ほかに旧ソ連、ドイツ、イギリスの支援でできたキャンパスも存在します。

日本も、インド工科大学ハイデラバード校に、二三〇億円を出資しています。ですから日本へも優秀な人材が送り出されるのが当然なのですが、実際にはうまくいっていません。

その理由のひとつが宣伝不足。日本ならではの奥ゆかしさがあるのかもしれませんが、日本が出資しているハイデラバード校でも、日本のことがあまり知られていないのです。そのためか、教授たちの日本への関心も低い……。

日本はインド向けのリクルート活動を活発に行っています。インド人学生のための奨学金もありますし、日本政府が「留学生三〇万人計画」を作り、外国人留学生を増やそうとしています。

インドに事務所を構える大学もあるほどで、東京大学がバンガロールに拠点を置き、立命館大学は「留学生三〇万人計画」推進のため、一三の大学が加盟した「グローバル三〇」のインド担当としてニューデリーにオフィスを構えています。

　しかし、こうした努力が裏目に出てしまっているという面もあります。留学生を呼び込もうとすればするほど、「日本に留学するのは簡単だから」と、軽く見られてしまうのです。そうなると、日本は「憧《あこが》れの国」ではなくなってしまうでしょう。

　言葉の問題も、日本にはあります。先述したようにインドの学生は英語が話せますから、アメリカやイギリスなどの英語圏に留学すれば、スムーズに勉強に集中することができます。しかし日本に留学するには、まず日本語を勉強しなければなりません。

　最近は日本でも英語で授業を行うコースがあるのですが、英語で勉強するのなら、わざわざ日本を選ばなくても、アメリカやイギリスに留学したほうがいいことになります。そのほうが、卒業後の就職の選択肢も広がります。

　付け加えると、日本の大学で、インド人に有名な大学は非常に少ない。インド工科大学の教授であれば、東大はなんとか知っていますが、早稲田《わせだ》大学や慶應《けいおう》義塾大学でも、ほとんど知られていないのが実状です。

実は日本への関心が低いインド

日本ではインドへの関心が高まっており、企業もインドからの人材をほしがっている。留学生の呼び込みにも力を入れている。その一方で、インドの日本への関心は、そこまで高まっていないというのが現状です。

むしろ、アジアでいえば、インドの人々が関心を持っているのは中国でしょう。インドと中国には領土問題がありますから、インド人の中国に対する感情は、決していいものではありません。ただ、経済成長の先輩という意味で、中国への関心が高まってきました。

それは、「いかに成功するか」という点で中国を意識しているという感じ。実際、若者のあいだで中国語学習がブームになりました。また、中国に留学するインド人も急増しています。

そんなインド人ビジネスパーソンのあいだでは、裏面に中国表記の漢字で名前を印刷することも流行していますが、それだけ中国の企業と商談をする機会が増えているということでしょう。

中国人ビジネスパーソンの姿も、インドではよく見かけます。高級ホテルは中国人の宿泊客でいっぱい。「リッチなビジネスパーソン」といえば、いまや日本人ではなく中国人のイメージになっているのです。

中国の安い製品も、現在では品質が向上していますから、そこそこの人気があります。また地方に行くと、たくさんの人が中国製の携帯電話を使っています。そうして中国は、インド最大の貿易相手国になりました。

インドが学ぶべきは中国より日本

もちろん日本製品の品質の高さはインドでもよく知られているのですが、質がいい分、高いということがあります。インドの一般人にとっては、日本製品は気軽に買えるものではないのです。

逆に中国製品は、日本製品より多少、質が落ちるとしても、値段はかなり安い。インド人にとっては、それくらいでいいのです。品質と値段のバランスという点で、いまのインド人に向いているのは中国製品といえるでしょう。

マインド的な部分でも、インドと中国はマッチしているようです。両国とも経済が発展し、いわば激動の時代にある。そのため、ビジネスにおけるスピード感が合っているのです。逆に日本は、意思決定の慎重さが特徴的なので、まどろっこしく感じるインド人が多いかもしれません。

「私たちの会社は、創業から一〇〇年以上の伝統がありますが、これからの一〇〇年はインドが最も重要だと考えているのです」──インド進出を考えている、ある日本企業の担当者に、そういわれたことがあります。しかしこの感覚は、いまのインド人には理解されないでしょう。

というのも、インドでは一〇〇年後のビジネスのことなど、誰も考えていないからです。一年後だって、どうなっているかわからない。まずは、いま成功することが最も大事なのです。

ただ、現在はそれでいいとしても、スピード感だけで突っ走っていては、いつか限界が訪れます。無理を重ねたツケはどこかで回ってくるもの。無計画なやり方だと綻《ほころ》びが生じるのは当然のことです。

そうなると、これからインドが学ぶべき相手は、やはり日本なのです。

慎重で、失敗や計画変更が少ない日本のやり方を取り入れることで、インド経済はバランスが取れていくはず。いまは中国に目を向けているインド人ですが、私は彼らに日本の魅力を伝えたい。実際、二〇一五年に入ると、中国経済の化けの皮が剝《は》がれてきました。

インド人が勉強に来る日本仏教

もちろん、インドにも日本が大好きな人はたくさんいます。以前、インドからのお客さんを日本のお寺に案内したことがあります。

有名な経済学者で、ジャーナリストでもあり、大臣を務めたこともある人です。彼は日本の仏教や禅にとても興味を持っており、「できればお寺に泊まってみたい」というリクエストも受けました。

そこで比叡山延暦寺《ひえいざんえんりゃくじ》に同行し、夜は宿坊《しゅくぼう》で一泊、翌朝は坐禅《ざぜん》を組むというプランを作ったところ、とても喜んでくれました。

仏教といえばインドが発祥の地ですから、インド人が日本のお寺に行きたがるというのは不思議な感じがするかもしれません。しかし、いまのインドの仏教は、多分に政治的な色合いを帯びてしまっているのです。

というのも、仏教関係者は自分たちの票をどう使うかを考えていますし、政治家たちは、どの党が仏教関係者の票を獲得するかに腐心しています。つまり、仏教の存在が「利権」になってしまったのです。

そう考えると、日本の仏教には宗教としての純粋さが残されているように感じますし、何より自然と一体化しているところが素晴らしい。山のなかにあるお寺も多いですし、変に近代化することなく、昔のままのお寺が残されています。

この、自然とともにある信仰こそがインドの仏教も見習うべきところで、実際に、インドの仏教関係者が日本のお寺を訪ねて勉強することもあるほどです。

インド人にとって、仏教は宗教というより哲学として尊敬を集めているところがあります。ただ、そこで失われてしまった部分もある。それが日本に残っており、仏教の大切な部分を守ってくれたという思いが、インドの仏教関係者にはあるのです。

ちなみにインドといえばヨガを思い浮かべる人も多いと思いますが、いまのインドには、ヨガを評価するような風潮はないといっていいでしょう。それどころか、アメリカ式の文化やビジネスを取り入れ過ぎてしまって、みんなが焦《あせ》っているようにすら感じます。

ビジネスに追われ、時間もなくなって、ヨガをする余裕もなくなっている。逆にいえば、ヨガに目が行くというのは、経済的にも精神的にも余裕がある人だけなのでしょう。

日本では、会社に行って、仕事が終われば責任を果たしたことになります。人を出し抜く必要がありませんから、「何も悪いことはしていないし、やるべきことはやった」という満ち足りた気持ちになれる。こういう気持ちをスムーズに得るのは、実は大変なことなのかもしれません。

インド版『巨人の星』の成果は

インド人にとっての日本のイメージには、まだ古いものがあります。新幹線をはじめとするテクノロジーも知られていますが、サムライやゲイシャのイメージもまだまだ根強いのです。そんななかで、『ドラえもん』や『クレヨンしんちゃん』といった日本のアニメは人気があります。

数年前には、『巨人の星』のインド版が放送されました。日本のアニメを吹き替えて放送するのではなく、インド向けにアレンジして新たに制作されたものです。

タイトルは『スーラジ　ザ・ライジングスター』。スーラジとは主人公の名前で、太陽という意味です。野球ではなくインドで人気のクリケットに変更されていますが、ストーリーはほぼオリジナルと一緒。厳しい父に鍛えられ、ライバルたちと競いながらクリケットの世界で活躍していくという内容です。

このアニメを制作するにあたって、私もインドの文化などについてリサーチを受けました。

クリケットは、かつてはお金持ちのスポーツでしたが、いまは庶民にも人気です。ただ日本にはなじみがないものですから、アニメの制作は難しかったかもしれません。

インド版『巨人の星』は、決して大成功を収めたとはいえません。もしかすると、「努力と根性」の物語は、いまのインドには向かなかったという可能性もあります。

ただ、これは偉大な挑戦だったと思います。このアニメをしかけた講談社の担当者は、かなりのインド通。何度もインドに渡って、インド人でも忘れかけていたような伝統的な行事に関わったりもしています。

インドに進出するのであれば、単にビジネスをするのではなく、それくらいの熱意があると頼もしく感じます。

インド向けのアニメを作るという仕事は、これが第一歩。この挑戦を通してインドのテレビ局や芸能界と深く関わり、そのことでインド人が日本人を理解し、日本人がインド人を理解していくことになれば、いずれ大成功する作品も生まれるのではないでしょうか。

いや、必ずそうなるはずです。

モディを首相に選ぶインドの空気

ところで現在のインドの首相を務めているのは、ナレンドラ・モディ氏です。二〇一四年五月に行われた総選挙の結果、選出された人物で、この選挙では一〇年ぶりに政権交代が起きました。エリート層、特に中間層が、モディ氏の率いるインド人民党を支持したことが大きな勝因です。

モディ氏が圧倒的な支持を集めたのは、インターネット経由でした。それは、インターネットを使いこなす、ある程度以上に豊かで知性もある層、すなわち中間層がモディ氏を応援したことを示しています。

モディ氏は、もともとグジャラート州の首相を長く務めてきた人物。彼はこの州で汚職を大幅に減らし、役人に公僕としての意識を根付かせることに成功しています。役人といえば賄賂をもらうのが当然という雰囲気のあったインドでは、快挙というほかありません。

加えて氏は、州を大きく経済成長させたことでも知られています。その功績から、インドの経済誌が選ぶ「ベストＣＥＯ」にも選出されました。政治家がベストＣＥＯに選ばれるのは前代未聞《ぜんだいみもん》でしたが、それだけの仕事をやり遂げたということです。

選挙でモディ氏の対立候補だったのは、当時の与党である国民会議派のラフル・ガンディー氏でしたが、支持を集めることはできず、モディ氏に大差をつけられてしまいました。

このラフル氏は、その姓が示す通り、インド独立からずっと政界の中心であり続けた「ネルー・ガンディー王朝」の御曹司《おんぞうし》。初代首相のネルーを曾祖父《そうそふ》に持ち、祖母はインディラ・ガンディー。父のラジーヴ・ガンディーも元首相で、母のソニア・ガンディーは国民会議派の総裁。そんなラフル氏の「血筋」よりも、インドの国民、特に中間層は、モディ氏の「実績」と「姿勢」を選んだわけで、これは現在のインドの雰囲気を象徴しているといっていいでしょう。

安倍首相とモディ首相の相性は

また、国民会議派は「大きな政府」路線で、公共事業などを通してのバラマキにも積極的。そのことが利権や癒着《ゆちゃく》、あるいは汚職の温床《おんしょう》となっていた面もあります。

それに対してモディ氏のインド人民党は「小さな政府」志向。自由競争を促し、民間に任せる部分が大きい。これもいまのインドで支持を受けた一因でしょう。

ちなみに私は、何度かモディ氏と会ったことがあります。彼がグジャラート州の首相だった時代で、日本企業をグジャラート州に誘致しようということで、出張で訪れた際のことです。

実はグジャラート州は、インドでは珍しく、日本のように規律を重んじる土地柄。時間を守りますし、順番待ちの列もきちんと作るような場所です。私は、モディ氏にこんなことをいいました。

「日本人とグジャラートの人は似ています。誘致もきっとうまくいきますよ」

それを聞いて、モディ氏も嬉しそうな顔をしていました。

実際、グジャラート州には、日立製作所など五〇以上の日本企業が拠点を置いています。このように日本は、国をあげてインドへの投資に積極的なので、モディ首相は安倍晋三《あべしんぞう》首相とも親しい間柄です。安倍氏が二〇一二年に二度目の首相就任を果たした際には、最も早く祝福の意を伝えたのがモディ氏だったともいわれています。

以前、安倍首相が、ツイッターで誕生日のお祝いメッセージに対する返信先を間違ってしまったことが話題になりましたが、その元となるお祝いメッセージは、モディ氏からのものでした。モディ氏は「間違い返信」もリツイートして、「大人の対応」が評判になったものです。

またモディ氏は、二〇〇七年、二〇一二年、二〇一四年に訪日。首相として初の訪日となった二〇一四年には、安倍首相と京都の東寺《とうじ》を訪れました。その後、東京で日印首脳会談が行われ、共同声明では、両国の「特別な関係」が明記されることとなりました。

モディ氏のような親日派・知日派がインドの首相を務めていることは、私のようにインドと日本をつなげる役割を果たしたい人間にとっては、非常に心強いことです。

日本製品の輸出で根付くシステム

さて、第四章で触れたCoCo壱番屋のインド進出について、ここで再び書いておきたいことがあります。私は、CoCo壱番屋のインド出店には大賛成です。というのは、日本の優秀な企業がインドに進出すれば、インドには大きなプラスがあると思うから。その心は、輸出するのはカレーだけではない、ということです。

以前、経済同友会にお招きいただき、「インドと日本の違い」というテーマで講演をしたことがあります。そのときに話したのは、日本はインドと違って細かく計画を立て、品質についても完璧になるよう緻密に計算し、そののちにやっと仕事をスタートする、ということです。

これは当たり前なことのようですが、実は世界的にはそうではありません。たとえばインドでは、なんでも「とりあえず」で始めてしまいますし、完璧であるかどうかにはこだわりません。とりあえずなんとかなればいい、と考えるのです。

材料が少しばかり違っていても構わないし、ちょっとしたミスは気にしない。結果、インドのビジネスには中長期的な持続性が欠けてしまうきらいがあります。インド経済の成長性が落ちてきているのも、そのせいではないかと考えます。

インドには、「完璧を目指すためのシステム」がない。そしてそれこそが、日本の際立《きわだ》った優秀性なのです。

CoCo壱番屋を例にとれば、まず、おいしいカレーを提供するためのシステムが確立しています。そのシステムに沿って仕事をしていくから、どのお店でも品質が均一なカレーを食べることができる。

食材の品質は細かくチェックされ、セントラルキッチンでは、しっかりとした衛生管理がなされています。配送や温度管理に気を使い、店では服装、接客マナー、店内の清掃や空調に至るまで、あらゆるプロセスがきちんと管理されています。そのシステムがあるから、いつでも、どこでも、おいしいカレーが提供できるのです。

こうしたシステムは、インドにはないものですし、世界中を見渡しても、日本は飛び抜けて優秀だといえます。ということは、日本企業の製品やサービスが輸出されるときには、同時にその優秀なシステムも輸出されているということです。

ですから、CoCo壱番屋がインドに出店することは、日本の優れたシステムをインドに持ち込むということにもなる。そして、この優れたシステムをインド人が取り入れたら、インドはさらに成長することでしょう。

実は、インドでは学習塾の「公文《くもん》教育研究会」が、二〇〇五年にニューデリーで教室をスタートさせ、成功を収めています。月謝は五〇〇〇円ほどで、インドではかなり高い部類なのですが、それでも教室がどんどん増えています。

そこには、インドが豊かになり、中間層が増えているという状況もあるのですが、それ以外にも要素があると思います。

もともとインド人は数学が好きですし、得意なのですが、それは「全体にそういう国民性がある」ということで、システム化されたカリキュラムがあるわけではありません。学校によって、あるいは教師によって、教えることはバラバラといってもいい。そういう状況だからこそ、公文式の効率的なシステムが、インドでも評判になったのだと思います。

　さまざまな企業がインド進出に興味を持っていると思いますが、そこで大事になるのは、根底にある日本のシステム、ということになるでしょう。

日本のシステム＋インドの柔軟性

「日本のシステムは管理が厳しいから、外国人が受け入れるのは無理ではないか」——もしかすると、そう考える人がいるかもしれません。ただ、私はそのことについてはあまり心配していません。なぜなら、インド人には柔軟さという特徴があるからです。

　現在は世界中にビジネス・チャンスが広がっている時代です。国をまたいで、あるいは国と国とをつなげることで活躍することができる。通信技術も発達していますし、移動手段も進歩しているので、世界を視野に入れた仕事は、一〇年前に比べても、格段にしやすくなっているのです。

　世界を舞台にした仕事をするには、当然ながら柔軟性が必要になってきます。この柔軟性が、インド人の大きな強み。柔軟だから世界中のさまざまな文化に対応することができ、人のネットワークも広がっていくのです。

私の故郷は西インドですが、インドでは地域によって言葉や食べ物がまったく違います。私が日本で働くことになったとき、母は「言葉も違うし食べ物も違う、文化や生活習慣もぜんぜん違う国で暮らすのね」と、ものすごく心配していました。でも、それはインドの国内でも同じことなのです。

私にとっては、日本に行くのも西ベンガル州に行くのも同じことでした。

インド人にはそういう感覚がありますから、海外で働くのも特別なことではありません。こうして自然とインド人のネットワークが世界中に広がっていく。インドから海外に渡った、いわゆる「印僑《いんきょう》」と呼ばれる人々の数は、およそ三〇〇〇万人です。

結果、世界一二ヵ国で、インド系の首相や大統領が誕生しています。また、みなさんもよくご存知だと思いますが、アメリカのシリコンバレーで成功しているインド人も数え切れません。

そんなインド人ですから、日本の優秀なシステムをしっかり学んで、自分たちのなかに取り入れることも可能なはず。それが実現したら、すごいものが生まれるのではないでしょうか。日本によって、インドに新たな、そして明るい未来が開けるのではないか、私はそう思っています。

トヨタがインドでまず始めたこと

ところでトヨタがインドに進出したとき、人材確保にとても苦労したそうです。そこでトヨタは、インドに自動車の学校を作り、専門的な教育をするところから始めました。そして、その学校で学んだのは、地域の貧しい人々です。

彼らはしっかりした教育を受け、優秀な働き手となって、高い収入を得ることができるようになりました。そして、それが評判になり、トヨタ学校にはたくさんの人材が集まるようになったのです。

同じことは、CoCo壱番屋のインド進出にも当てはまると思います。インドには、まだ基礎的な環境が整っていませんから、単にフランチャイズ展開するのではなく、包括的に物事を進める必要があります。

まず、時間に正確で安全な物流の確保が必要です。そして、品質をコントロールするセントラルキッチンは、建物や設備から整えていかなくてはなりません。店内の清掃や接客などに関しても、スタッフを一から教育していくことになりますから、そのためのブレーンやトレーナーの存在も不可欠になってきます。

つまり、CoCo壱番屋が日本と同じサービスを提供しようと思ったら、何から何まで包括的にインドに持ち込むことになるわけです。そのためには、物流会社や厨房《ちゅうぼう》設備会社も一緒に進出することも大事になってくるでしょう。

そうやって日本のシステム全体がインドに輸出されていくことが、インドの成長につながりますし、もちろん日本企業の成功にもつながります。

インドでは、小売業の九割が、いわゆるママ・パパ・ストア、すなわち零細の個人商店で、ゆえに生産性も低い。こうした経済に活力をもたらすには、フランチャイズ・ビジネスしかないと私は考えています。そして、その「救世主」が日本の企業であれば、これほど素晴らしいことはありません。

丸ごと「日本村」誘致を目指して

二〇一二年、インドでは総合小売りの分野で、外資の出資が五一％まで認められる規制緩和が決定しました。これは、消費市場が伸び悩む日本の小売業にとっても絶好のチャンス。また、インドにとっても日本から学ぶことが多いのは、先述のとおりです。

私の会社では、日本企業のインド進出支援を行っているのですが、そこで心配されているのが、先に述べた基盤の問題です。物流の体制や専門的な人材の確保という点で、どうしても不安がありますし、日本人社員がインドで働くに当たっては、「インドでは和食が食べられるのだろうか」などと心配する会社さえあります。

トヨタは現地に学校を作ることで人材を確保しましたが、すべての会社が同じことをできるというわけではありません。そこで、やはり支援が必要です。こうして私が学長顧問を務める石川県の北陸先端科学技術大学院大学では、インド工科大学とのあいだで、産官学の協力態勢を作るための検討が進められてきました。

私の会社では、インドの工業団地開発にも関わっているのですが、そこで期待されるのは、企業を誘致することだけではありません。インフラの整備や、進出する企業に向けたサービス業まで含めて、丸ごと「日本村」を誘致することが求められます。

インフラ開発に当たっては、日本とインドの官民連携が必要です。ことは政策作りから資本調達まで幅広い。そういう大変さはあるのですが、インドは国土が広いですから、工業団地を作ることは、集中的にインフラ整備ができるという点で非常に効率的です。

求められているのは、一企業の進出だけでなく、さまざまな要素が組み合わさった包括的な活動です。いわば日本のチーム力が重要になってくるのですが、それこそ日本人が最も得意とするところではないでしょうか。

「日本村」の利点の数々

日本の製造業がインドに進出するに際しては、チーム力が重要です。そこで実現してほしいのが、先述の「日本村」です。

日本企業がインドに工場を作る場合、単独で工場を建設するパターンと、工業団地に入るパターンがあります。ニューデリー郊外には二〇以上の日系企業が進出している工業団地もあります。

ただ、インドのインフラを考えると、工業団地という枠組みだけでは足りないのではないかと思います。ですから、物流、水処理施設、それに発電所までも含めた施設を作るほうが効果的になるのです。

加えて、日本人従業員のための住宅や来客用のホテル、それに日本人学校などもあるといいでしょう。

欲をいえば、インド人社員に日本式の仕事術を教える学校もあったほうがいい。そうやって、日本の優れたところを丸ごと持ち込むわけです。
電力供給も課題の一つですし、物流も未整備です。それらを解決するのが、各企業が手を組んで「日本村」を作ることといえるでしょう。

日本の鉄道技術、最大の魅力とは

二〇一三年五月、インドのシン首相が日本を訪れた際、日本の新幹線の技術をインドに提供するという話が進みました。私は、インドと日本の鉄道の専門家を集めたセミナーを開催しましたが、そこで意見が一致したのは、「日本の鉄道技術の最大の魅力は安全性である」ということです。

現在、インドでは、高速鉄道の整備が進められています。もちろん、そこで最重要視されるのは安全性。ここは絶対に妥協できない部分です。ですから、インドの鉄道は日本から学ぶところが大いにあるわけです。日本は、鉄道に限らずさまざまな分野で、安全性にこだわった高い技術力を長い時間をかけて作り上げてきました。

ただ、日本の製薬会社の幹部の方に、こんなことをいう人もいます。
「日本の薬は厳しい基準をクリアして作られているけれど、それはインドではいらないといわれる。値段が高すぎるから、と」——まさにこれが、インドの現状でしょう。安全性が重要なのはわかってはいても、実際には価格に対してよりシビアにならざるをえない。それがインドのビジネスにおける現場の実感なのです。

薬に限らずインドでは、安全性と価格のバランスに関しては、価格に大きく比重が傾くことが多々あります。日本で求められているような高レベルの安全性よりも、値段が安いことのほうが商品としての価値につながるのです。

ということは、品質がいいから値段も割高になってしまう日本の製品は、インドでは競争力で劣ってしまうわけです。

この状況が変わるためには、インドが成長するしかないでしょう。薬でいえば、インドにおける教育水準がもっと上がり、医療に対する知識が高まって、質の悪い薬に対する規制が強化されるような状況になれば、日本の薬に競争力が生まれるでしょう。健康や命に関わることですから、いずれはそうなると思います。

大事なのは、そうなるまでに、いかに日本企業がインド市場で存在感を発揮しておくか、です。ニーズが高まってからインド市場に進出しようとしても、どうしても他の国に遅れを取ってしまいます。日本には、インドに早くから進出し、車の代名詞になったスズキという好例もあります。

いまから市場を開拓しておくことでこそ、日本製品の安全性の高さが求められる土壌が生まれてくるのだと思います。

高速鉄道、自動車、医薬品、それに耐震設計技術や飲料水など、日本の技術はこれからのインドで間違いなく求められるようになります。いまは「価格第一」かもしれませんが、日本企業には、インドの未来を見てほしいのです。

日本の活力を作る女性と外国人

さて、ここ数年、ビジネス界などで注目されている言葉に、「ダイバーシティ&インクルージョン」があります。グローバル時代のキーワードの一つといっていいでしょう。

ダイバーシティとは「多様性」、インクルージョンは「一体性」といった意味。つまり、多様な人材を受け入れ、その人たちが一体となって活用されることが重要だ、ということです。

私が理事を務めるNPO法人「GEWEL」でも、ダイバーシティ&インクルージョンを推進しています。日本人女性と在日外国人の起業家をどのように育てていくかについて議論を交わしたこともあります。

日本の女性は、何事についても熱心でアグレッシブだという印象があります。女性のほうが男性より外国語を熱心に勉強するともいわれていますし、海外旅行も好き。つまり、広い分野で好奇心を持っていて、行動力もあるということでしょう。

そんな女性が、どんどん起業したり企業トップになったりすれば、日本の産業はもっとパワフルになるのではないでしょうか。

また外国人に関していえば、日本人とは違う文化で育ったからこその新しいアイディアを発信してくれるはずです。

現在のところ、起業家や企業トップになった女性は、決して多くありません。日本人女性の経営者は、割合でいうと世界でも最低の水準。また外国人にとっては、日本の均一的なビジネス・コミュニティ、すなわち「財界」には参加しにくいのが現状です。

たとえばＧＥＷＥＬで女性起業家と在日外国人起業家の育成について話し合ったとき、話題に出たのが資金調達のことでした。以前は、女性起業家が資金を調達しようとすると、まず夫の職業を聞かれることがあったそうです。本人の実力ではなく、夫の「後ろ盾」が気にされていたわけです。

外国人も、ただ日本人ではないというだけで、融資の条件が厳しくなっていました。
しかし現在では、状況が改善されつつあります。起業家としての資質や事業プランを重視する制度が出てきたのです。

日本政策投資銀行は、女性起業サポートセンターを設立。女性起業家による新たな事業プランのコンペも開催されました。外国人起業家についても、成功を見込める事業プランにはサポートが得られることが多くなりました。

ダイバーシティ&インクルージョンが進むことで、こうした流れはさらに加速するでしょう。それは、日本に新たな活力をもたらしてくれるはずです。

インドの女性起業家と差別の実態

発展途上であるインドにも、同じような問題があります。

中間層以上の世界では、女性の社会進出が進んでいます。女性が仕事を持つのは当たり前だと考えられていますし、職場での男女平等も徹底されています。おそらくこれは、アジアではなくアメリカやイギリスからの影響なのでしょう。

企業のなかでの女性の活躍度合いでいえば、インドは世界でもトップクラスだといえるでしょう。女性起業家もたくさんいます。

バイオテクノロジー最大手の「バイオコン」の創業者キラン・マズムダル・ショウ氏は、「TIME」誌の「世界で最も影響力のある一〇〇人」に選ばれました。彼女は日本経済新聞社の「日経アジア賞」も受賞しています。これは、アジアで活躍した人材に与えられる賞です。

そのほかにも、とりわけ金融業界では、女性がトップを務めることが少なくありません。しかし、何事にも格差があり、「新しいインド」と「古いインド」で大きな違いがあるのもこの国の特徴です。

女性に対する差別はまだまだ残っていますし、田舎では学校に通わせてもらえない女の子も多い。「女に学問なんかいらない」という考え方が根強いのです。そもそもインドは、初等教育が普及するようになってから、まだ四〇年も経っていないのです。

製造業やインフラ産業では、まだ男性優位の面が残っています。そしてこうした業界は、伝統的な財閥が強い業界でもあるのです。

ただ、製造業やインフラ産業は、インドでこれから発展させていかなければいけない分野です。同時に、そのために日本の力が欠かせない分野でもある。日本企業のインド進出によって体質が変わっていくことに期待したいですし、そのためには日本でも、女性起業家や経営者が増えてほしいと思います。

留学生が見た日本企業の魅力とは

数年前、石川県の北陸先端科学技術大学院大学を訪ねて、デリー大学から来ている留学生と話をしました。この学校には当時、約二〇人のインド人留学生がいたのです。

留学生たちは、日本のよさについて、目を輝かせて話をしてくれました。

「大学の設備が本当に素晴らしいですね」

「部屋の鍵をかけなくても大丈夫だなんて、すごいです」

彼らは科学者を目指しているので、とりわけ日本の最先端の設備に驚いていたようです。そしてもちろん、治安のよさ。これは外国人なら、誰もが感じることでしょう。

東京大学にも、インド人留学生はたくさんいます。私は以前、東大の先生からインド人留学生を増やすにはどうすればいいかと相談を受けたことがありました。東大は二〇一二年にインド事務所を開設。日本への留学をサポートする拠点にしています。東大の学園祭「五月祭」で、インド人の留学生が作ったマサラチャイやアルティキというスナックを味わったのもいい思い出です。

このように日本の大学では、各国から留学生を呼び込もうとする動きが活発になっています。それは企業も同じで、日本に来ている留学生、海外留学経験がある日本人を、即戦力として求めているようです。そのことは、日本企業の「国際事業部」や「新規事業開発部」の人と話をしていると、とても強く感じます。

やはりいまの時代、外国語が使え、国際感覚のある人材が求められているのでしょう。もちろん、インド工科大学の卒業生も引く手あまたです。

ですが、彼らが日本でスムーズに働けるかどうかについては、疑問が出てきてしまいます。日本の企業が外国人を求めていても、外国人が日本の企業で働きたがっているかというと、必ずしもそうではないからです。

終身雇用や年功序列といった日本ならではの企業文化は、実際にはプラスの面があるにしても、外国人にはなかなかなじみにくいものでしょう。日本の学生と同じ就職活動をした場合、希望する部署に入れるかどうかもわかりません。

どの部署に配属されるかわからないなら、「本当に自分のやりたい仕事ができるのだろうか」「大学で学んできた、自分の得意な分野を活かすことができるのだろうか」と、心配してしまうでしょう。

つまり、企業と学生たちのあいだでミスマッチが起きている。そんな現状を改善し、従来の、いわゆる「就活」とは違うかたちでの採用が、これからはさらに必要になってくるでしょう。

企業と外国人の学生をいかにうまくつないでいくか——それはこれからの大きな課題です。

ただ、日本に暮らしていれば、この国のよさを誰もが感じるはずです。ほかならぬ私がそうでした。だから、いくつかの不安や疑問を取り除けば、日本で働きたいと思う外国人は増えていくのではないでしょうか。

日本在住インド人社員の悩み

私はインド工科大学同窓会の日本支部代表で、在日インド人科学者協会の顧問を務めさせてもらっています。そのこともあって、ここ数年は、日本企業で働く若いインド人から相談を受けることが増えました。

ある青年は、こんな悩みを抱えていました。

彼を雇うことを決めた大手企業の幹部は、彼に「会社のなかで化学反応を起こすような存在になってほしい」と期待したそうです。日本人ばかりのオフィスに、言い方は悪いですが「異物」を入れることによって、さまざまな刺激をもたらそうとしたわけです。

しかし実際の職場では、上司や同僚たちが求めてくるのは、「みんなと同じように行動してほしい」ということ。誰か一人が特別なのではなく、みんなが一緒に、歩みを合わせて仕事をするのが日本のスタイルですから、それもわかります。

彼はその会社で唯一のインド人社員。幹部の期待に応えるべきなのか、同僚や直属の上司に合わせるべきなのか、とても悩んでいました。

実は、私も彼とまったく同じことを経験しました。日本に来てすぐのこと、雇ってくれた幹部に「がんばって日本語を覚えます」といったら、「いや、日本語じゃなくて英語でいいんだよ」と返されました。私が英語で話すことで、周りの日本人社員が英語を使うようになることを期待していたのです。

ですが、そうはいっても、実際に仕事をするうえで英語だと不便なことも多々あります。私が日本語を話すほうが、はるかにスムーズに仕事が進みますし、同僚たちと仲よくなることもできます。

外国人社員は「化学反応の素」？

こうしたケースは、ほかにもたくさん聞いています。また、日本の大手企業がインド人の人材を求め、新入社員を募集することも増えているのですが、雇う側からすると、彼らはやはり「化学反応の素」。一般の日本人社員とは、どうしても扱いが違ってくるのです。たとえば特別扱いで、大企業の社長自らが、インド人の若手社員と一緒にランチを食べる場合もあるそうです。

採用する経営者のマインドが変わっているのに、現場が追いつけていない、ということもあるのでしょう。外国人が入ってくれば戸惑うことも多いでしょうし、人事部からすれば、トップダウンで外国人の採用が決まると、住むところを用意したり、面倒が増えます。

すると、外国人が邪魔な存在になりかねません。

優秀な外国人は、働くうえでの実力主義を求めています。自分の国から出て仕事をするわけですから、できるだけ早く自分を成長させて、結果を残し、サクセスしたいと考えるのが普通なのです。

それに対して日本企業は、長いあいだ培ってきた終身雇用があり、それを前提として動いている部分があります。

たとえば、若手社員は会社のなかでさまざまな部署に異動することがありますが、それは多様な経験を積むことで、社員をじっくりと大きく成長させようという狙いがあるからでしょう。それができるのは、転職をせず、ずっと同じ会社にいることが前提になっているのです。

会社を辞めないのであれば、たとえば本来は研究部門を担う人材に営業を担当させることも、将来的に「あの経験が役に立った、やっておいてよかった」となるでしょう。しかし、短期間のうちに自分の専門分野で成長したい外国人には、無駄な経験としか思えないかもしれません。

こういうズレを、いかに補正していくか。そのことについて、私には考えていることがあります。

外国人労働者や移民はどうする

少子化の問題もあって、日本では労働人口のことがよく話題になります。外国人労働

者、移民をたくさん受け入れるべきではないか、そういう議論も活発に交わされていま
す。

日本の産業が外国人労働者を必要としているのは間違いありません。ここまで書いてきたように、留学生も求められていますし、海外から優秀な人材を確保することは、日本の大きな課題だといえるでしょう。

ただ、外国人の私がいうのもおかしいかもしれませんが、外国人の数は「ただ増えればいい」というわけではないと思います。

日本には独自の文化、考え方があり、それを守ることで素晴らしさを保ってきました。しかし、文化の違う国から来た人が増えると、そのよさが薄れたり、最悪の場合なくなってしまう可能性があります。

少し前、深夜にコンビニに行ったときのこと。外国人の店員さんが品物を雑に並べているのを見て、ちょっと嫌な気持ちになりました。「日本人なら、もっときれいに、丁寧に並べるのに」と思ったのです。私も長く日本に住んでいるうちに、感覚が日本人的になってきたのでしょう。

こういうことがあちこちで起きれば、日本のよさはすぐになくなってしまうのではない

でしょうか。

だからといって、私は外国人労働者を差別したいわけではありません。労働者を受け入れるのにも、日本独自のやり方があっていいと思うのです。

文化的なフィルターをかける意味

アメリカには、自然に優秀な人材が集まってきます。彼の地の考え方イコール、グローバル・スタンダードですから、ほかの国から来た人たちにも合わせやすいのでしょう。

移民をオープンにすると、日本にも貧しい国からたくさんの人たちがやって来ることになるでしょう。まして日本は弱者に優しい国です。アメリカには、成功を夢見る野心的な人、つまり強い人が集まりやすいのですが、日本ではそうならない。むしろ弱い立場の人たちが集まってきやすいといえるでしょう。

それは彼らのためにはいいのですが、日本の社会や経済を盛り上げるパワーにはならないはずです。そこに、日本の移民政策の難しさがあります。

マナーなどに関しての意識が高く、その感覚も均一的なのが、日本のいいところです。しかし、外国人がそれに合わせるとは限りません。

以前、インドの鉄道関係者に聞いたのですが、インドで電車のなかにいいトイレを作っても、すぐに汚くなってしまうそうです。清潔さや公共の施設をどう使うかについての考え方はバラバラで、しかもマナーというのは、どうしても悪いほうへと流されてしまいがちです。

そこで私が提案したいのは、日本で働く人に文化的なフィルターをかけるということです。日本語能力試験N４（旧三級）の資格があったり、日本文化についての講習を一定時間受ける、などの条件を課す。そうして、日本の「調和の文化」を理解し、尊重してくれる人だけを受け入れるようにするのです。

「たまたまほかの国に行けなかったから日本に」というのではなく、「日本に関心があるから来たい」という人に来てもらう。日本はそれでいいと思います。

「そういう条件をクリアしてまで、日本に来たいという人が本当にいるのだろうか」――そう考える人もいると思いますが、それはこれからの日本しだいだと思いますし、現在でも相当数の希望者がいることを私は承知しています。

日本企業のインド進出が進み、日本のよさがインドでも広まっていけば、「私はアメリカよりも日本で勉強してみたいし働いてみたい」と考えるようになる人も、数多く出てくるはず。何も、アメリカ以上にインドの人材を確保しなければならないというわけでもありません。

能力はあるけれど、何もかもが競争で、息を抜く暇もないようなグローバル化社会にはなじめないという人だっている。そういう人は、日本社会で得られる心の平穏に憧れるのではないでしょうか。

リッチでなくても幸せになれる国

これからも、成功への野心が強い人材は、アメリカを目指すはずです。シリコンバレーに行って、会社を作って上場させるというような、いわゆるアメリカン・ドリームのような目標は、日本では抱きにくいといえるでしょう。

つまり、日本はアグレッシブな人材には向いていないのですが、それを無理に変える必要はないと思います。

何をもって「優秀」とするかは、定義の問題です。日本のやり方に合わせて、心の平穏を大事にしながら働く人材だって、日本にとっては優秀な人ではないでしょうか。

お金を儲けたいという人は、日本には向いていません。そうではなく、日本のことをよくわかってくれる、精神的なものを大事にする人材を集めればいいのです。

私の友だちには、シリコンバレーで成功した人もいます。でも私は、日本で違う道を選びました。どちらがいいということではなく、私は日本を気に入ったということ。そして私は非常に幸せな日本生活を送っています。

ならば、これからも日本に向いている人材だけが来れば充分だと思います。

ポルシェやフェラーリに乗らなくてもいい、ハートがリッチになる生き方をしたい、という人は、世界中にたくさんいます。そういう人たちからは、日本は絶大なる尊敬を集めています。下手に多様性を高めるよりも、彼らに来てもらうほうが、日本にもプラスになるでしょう。

ましていまはインターネットの時代ですから、日本の魅力にも気づいてもらいやすいはず。むしろ優秀な人ほど、日本のよさに気づくのではないでしょうか（私もその一人に加えていただけたら光栄です）。

もちろん、そのためのアピールは必要ですし、それにはまず、日本人みずからが日本の素晴らしさを自覚することが大切です。

ちなみにシンガポールでは、世界中の有名大学のリストを入国管理局が持っています。

その大学を出ていたら、シンガポールの永住権がもらえるからです。オックスフォードやケンブリッジ、ハーバード、イェール、そしてインド工科大学や東大など、こうした大学がリストに載っています。つまり世界中のエリートを集めるためのフィルターがあるわけです。

私の知り合いも、シンガポールに駐在したとき、永住権をオファーされたそうです。そこまでとはいいませんが、日本も何らかのフィルターを考えたほうがいいでしょう。

日本とインドにある溝とは何か

日本が大好きな私ですが、外国人が日本で暮らす難しさを感じることもあります。最近はそれほどでもないかもしれませんが、私が来たころの日本には、「外国人お断り」の不動産会社が少なくありませんでした。私も「お断り」されたことがあります。

東京の西葛西《にしかさい》にはインド人コミュニティがありますが、それは西葛西の駅の近くに大きな公団住宅があるからです。公団（現在のＵＲ都市機構）では外国人を差別することなく、日本滞在のビザさえ持っていれば部屋を借りることができるのです。

不動産以外でも、外国人が理不尽《りふじん》な思いをさせられることはいくつもあります。同じ外国人でも、白人はそれだけで「上」に見られるような風潮にも、納得がいきませんでした。というより、日本人にとっての「外国人」とは、イコール白人のことで、それ以外の人種は、何かまた別のものとして受け取られているような感じもします。

欧米出身の白人であれば、多くはビザなしでも日本に入国できますし、英語教師などの仕事に就くのも簡単です。学歴や専門的知識も重視されません。

しかしインド人は、最低でも大卒でなければ就労ビザが取れませんし、観光ビザの取得も大変です。兄がインドから来たときにも、私が身元保証人になることで、やっと可能になりました。

ただ、白人コンプレックスはアジアの国ならどこにでもあるもの。日本人がまだまだインド人を理解していないのと同じように、インド人も日本人を理解できていないところがあります。

私が日本の会社で働くことに決めたときも、インドでそれをうらやましいと感じた人はいなかったようです。「アメリカじゃなく、なぜ日本なのか？」――それが率直な反応だったのです。つまり、先進国であっても、そして私が実際に感じたように素晴らしい国であっても、普通のインド人にはまだ、日本への憧れがないのです。

むしろ、日本を下に見る傾向すらあります。特にシリコンバレーのインド人起業家がそうで、彼らは一九八〇年代に日本での起業も試みたのですが、投資を募ってもまったく相手にされなかったそうです。

しかし、その後の日本では、バブル経済が崩壊……長いあいだ経済が低迷しました。一方、こうしたインド人起業家はアメリカで大成功。立場が逆転したという面もあるわけです。

こうした溝を取り除くのが、私の仕事だと思っています。日本には日本のよさがありますし、そしてそれは、これからのインドで絶対に必要になってくるものなのです。

スズキがインドで成功した背景

さて、日本企業としてインドで最も成功を収めたのが、自動車メーカーのスズキです。経済を財閥が牛耳《ぎゅうじ》り、汚職も横行していた経済自由化前のインドでは、法律が突然変わるなど、外資系企業が入り込みにくい風潮がありました。ＩＢＭやザ コカ・コーラ カンパニーなども、一九七〇年代後半に一度、インドから撤退しています。

そんななかで、一九八二年にインドに進出したスズキは、大成功を収めました。

そのころすでに、インドにも自動車産業はありました。が、生産が需要に追いつかない状況で、注文してから三、四年経って、ようやく製品が顧客に届くという有り様《あさま》だったのです。もちろん、自動車自体の性能も、欧米や日本のものと比べると、大きく劣っていました。

そこでインド政府は、海外メーカーと提携して、小型の国民車を作ろうという構想を立てました。

小型車といえば日本のメーカーが優秀ですから、政府はいくつかの日本のメーカーに打診。当時、日本の自動車メーカーはアメリカ進出に注力していたため、応じてくれる会社はなかなか見つからなかったといいます。まして当時のインドは、市場としての魅力も乏しかった……。

そういうときに、唯一、プランに乗ってくれたのがスズキだったのです。スズキはインド政府との合弁会社を立ち上げました。ここで大きな力を発揮したのが、オーナー経営者の鈴木修《すずきおさむ》氏です。

先述したように、インドのビジネスはトップダウンが基本。トップがやると決めたら、すぐに動き出す意思決定の速さが特徴です。これに対して日本企業は、何事もゆっくり時間をかけて計画を練るのですが、スズキの場合はオーナー経営者が即決できる権限を持っていました。

政府との合弁会社によって、スズキがインド政府と良好な関係を築けたことも大きかったといえるでしょう。

インド政府が特に評価していたのが、スズキの真摯《しんし》な姿勢です。インド進出の直後から人材を育成し、技術者を日本に呼んで、本社で研修を行いました。つまり、ただインドで自動車を売るだけではなく、インドで自動車製造に携わる人材を育て、インドに貢献しようとした。その努力がインド政府から認められたのです。

インド政府は二〇〇六年に合弁会社の経営から手を引き、会社は完全に民営化。スズキの出資比率は約六割となっています。

そして、スズキにとっていまやインドは、日本と並ぶ重要な市場となりました。インドの意思決定の速さに合わせつつ、日本の技術と人材育成術を持ち込むことで、スズキは成功したといえるでしょう。こうした関係が、日本とインドのあいだでは今後さらに求められるはずです。

クールな日本をホットなインドに

あるとき、インドの友人と電話で話していて、私がこういったことがあります。

「日本はとてもクールだよ」

それに対して、友人はこう返してきました。

「それはいいね、インドはとてもホットだから」

六月でもまだ涼しいころだったので、気候の話でもあったのですが、それだけではありません。いろいろな面で日本はクール、インドはホットな国なのです。

日本は、アジアで初めて先進国の仲間入りを果たし、すでに成熟した国になっています。つまり文化的にも洗練されており、そういう意味でクール。

クールというのは、冷静ということでもあります。たとえば駅員は、通勤ラッシュの時間でも落ち着いて乗客を整理しますし、体が不自由な人への対応も親切で慌てるようなところがありません。

外国人にとって日本は、社会全体が落ち着いているように見えます。

また、郵便や宅配便は、基本的に遅れることがありません。電車ももちろんそうです。

トラブルなどで電車が遅れてイライラする人もいますが、それは、遅れないということが前提になっているからでしょう。

誰もが自分の仕事をスムーズにこなすため、社会もスムーズに動く。だから予定を大きく狂わせることなく行動することができるわけです。そして予定が狂わないから、何事にも焦らず落ち着いた気持ちで臨むことができる。それが日本という国のクールさなのではないでしょうか。

逆にインドはホット、つまり激動の国です。毎日のようにプロセスが変わり、それだけにビジネス・チャンスが生まれやすく、結果、転職も盛んです。常にホットな状態で動き続けるのが普通のことで、そういうふうに行動しなければ仲間はずれになるようなムードもあります。

そんなインドと日本は、お互いに補完し合うような関係になれると私は思っています。クールな日本の製品や技術、そしてサービスを、インドのホットな市場に持ち込む。いまのインドに必要なのは日本のクールさですし、日本にはインドのようなホットな海外の市場に進出することが求められています。

加えて日本には、人間の生活環境をよく考えて作られたものがたくさんあります。新幹線、電子マネー、それに洗浄機付きのトイレなどなど……またクールといえば、「クールジャパン」の代表であるアニメも忘れるわけにはいきません。

日本のアニメが高く評価されているのは、ハイレベルな技術と豊かな文化が活かされているからこそでしょう。

そういったものがインドに入ってくることで、生活や文化によい影響がもたらされることは間違いありません。一方の日本にとっては、ビジネス・チャンスを大きく広げることにもなります。

日本とインドでアジア市場へ

いうまでもなく、日本はアジアにおける資本と技術の中心地です。東京証券取引所はアジア最大の取引額を誇り、特許保有数もアジアで最多。企業はアジア各国に製造拠点を持っていますし、インフラ開発をリードしてもいます。

北陸先端科学技術大学院大学には、アジアの研究者が集まっています。そこでは、遺伝子情報の分析などを筆頭に、最先端の知識や科学の研究を、アジアの発展に活かそうという試みがなされています。

一方のインドは、優秀な人材を輩出する国として知られるようになりました。ＩＴ分野での活躍はよく知られるところですが、政治の世界でも、ターマン・シャンムガラトナム氏がシンガポールの副首相兼財務大臣になるなど、在外インド人がアジア各国で要職に就いています。

私も以前、シンガポールでターマン氏と会ったことがあり、そこで日本とインド、それにシンガポールの協力関係について意見を交換しました。

また近年では、日本とインドが協力して取り組むプロジェクトが増えています。日本、インド、ブータンによる水力発電計画。日本とインド、そしてオーストラリアは、オーストラリアと東ティモールでの石油開発協力プロジェクトを進めています。それだけ、日本とインドの協力関係が進展しているわけです。

日本とインドが組むことで、日本からは資本やインフラ技術、製造技術、物流や金融機関のサービス、それに人材育成術が提供されます。それに対しインドは、グローバルな人材が豊富で、アジア中に人的ネットワークを持っているのが強みです。

この組み合わせは、非常に強力だといえるでしょう。両国の協力関係がさらに進めば、アジアの高度成長市場のためのビジネスモデルになりうるはずです。

最高のパートナーの条件

私が専門とする分野は、金融投資です。ですから、日本での資金調達について、インドの金融機関から相談を受けることも多々あります。

インドは、長年にわたって経済面でも人材面でも、欧米と強く結びついてきました。しかしリーマンショックやヨーロッパの経済不振などもあり、近年では日本からの投資にも期待するようになっています。

逆に日本では、国内市場が縮小しており、インフラ分野も充分すぎるほどに成熟していますから、投資先としては海外に注目するしかありません。日本の企業や個人は多額の金融資産を持っており、金融機関が国債で運用している大量の資金も加えて、有効に活用すべきだという認識も高まっているようです。

そうしたなかで、私もインドのファンド会社の人たちと、日本の機関投資家や金融機関を訪ねることが多くなりました。日本の海外投資について話し合うためです。

そこで私が感じるのは、ここでも両国の企業文化の違いです。とりわけ大きいのは、先述した意思決定のプロセスとスピードの違いでしょう。

インドは発展途上国ですから、あらゆる意味で変化が激しい。そのため企業のトップが早い段階で意思決定し、プロジェクトが始まります。投資パートナーもすぐに決めて、スタートしてから状況の変化に応じて方針を変えていく、というのがインドのスタイルなのです。

しかし日本の機関投資家は、プロジェクトがスタートする段階で細かく計画を立てることを求めます。スタートするには詳細な調査が必要で、それが完了しなければ、動き出すことができません。

この違いは、どちらがいいとか悪いとか、そういうことではありません。現在のインドには意思決定のスピードが必要だし、日本の意思決定の遅さについては、スタート後にプロジェクトをスムーズに進めることができるというよさがあります。

ただし、日本の企業がインドに進出したり、投資家がインドに投資してチャンスを得ようとするならば、ある程度、インドのやり方を理解しておくことが大切です。その一方で、インドは日本との付き合いを深めることで、しっかり計画を立てて失敗を少なくする手法を取り入れることができるようになるでしょう。

日本とインドは、それぞれにやり方が違うだけに、そこをうまく噛《か》み合わせれば、最高のパートナーになれる可能性がある。それを実現するのが、私の人生を賭けた仕事になると思っています。

デリーを旅した日本人の体験から

私の日本の友人が、インドで嬉しいことがあったと教えてくれたことがあります。デリーで地下鉄に乗っていたら、現地の人に席を譲ってもらったというのです。

デリーの地下鉄は、日本の財政支援によって作られたものです。もちろん、高度な技術知識も提供されました。だからインドの人たちのなかには、日本の支援にとても感謝している人たちが多いのです。

友人に席を譲った人も、感謝の気持ちを表したかったのではないでしょうか。何しろ、デリーは劣悪な交通事情に悩まされていますから、鉄道の整備が進むことで、生活の利便性が格段によくなったのです。

日本の人たちには、こうした日本の貢献をもっと知ってほしいですし、誇りに思ってほしい、私はそう思います。

かつて、日本は何十年にもわたって経済力、そして技術力において世界のトップを走り続けてきました。近年は情報化社会が急速に進展したため、日本のこうした優れた技術やノウハウを、すぐに新興国に届けることができます。

ということは、日本が長い時間をかけて培ってきたものを、現在の新興国は、わずかな時間で吸収することができるわけです。先進国のいいところを急速に取り入れることができれば、新興国の経済成長率も高いものになるでしょう。

ただそれは、「日本の先行メリットがなくなった」とか「日本が中国やインドに圧倒されてしまう」ということではないと思います。私が思うのは、日本の経済成長率が低くなってしまったことを、日本人が心配し過ぎているのではないかということです。

日本は高度経済成長を経て、すでに大きな経済規模を誇っています。社会インフラも充分に整備されています。そのことは、日本の大きな財産です。

加えて、日本の支援で完成したデリーの地下鉄のように、日本の資本と技術知識はアジアのいたるところに広がっています。それが意味するのは、日本がアジアの中心的な存在だということです。

日本のみなさんには、こうした事実を再認識し、自信を持ってほしい。そして日本の得意分野を活かして、新興国でのビジネスなどを伸長させる。そのことで、新興国の成長とともに、日本のさらなる成長を実現することができるでしょう。

大事なのは、どの分野でも「日本が何位なのか」を気にすることではありません。グローバル化で世界的に経済の融合が進んでいるいま、国境を越えて協力し合うことこそが重要なのです。

これからの日本にとって最も重要なのは、経済成長率を気にすることではなく、数字には表れにくい美点を守っていくことでしょう。もし日本人、特に若者が日本のよさに気づくことができず、自信と誇りを持てないまま社会の中心を担うようになれば、日本の未来像を描くこともできなくなってしまいます。

そうではなく、日本のみなさんには、この素晴らしい日本社会で伸び伸びと、社会を発展させていってほしいものです。

なぜなら、それが私の生まれ故郷のインドのためにもなりますし、回りまわって世界経済に貢献することにもなるのですから。

あとがき――世界で求められている日本的なもの

私が気がかりなのは、「頑張ることが好き」という日本人の感覚が、グローバル化によって脅《おびや》かされているのではないかということです。「歳をとっても働き続けるなんて馬鹿らしい」「手っ取り早く大儲《おおもう》けした人の勝ちだ」――そういう感覚が広まると、日本人のよさが失われてしまいます。

私が生まれ育ったインドは、急速な経済発展とともにグローバル化していきました。まだ発展途上国なのに、いきなり考え方だけはアメリカのようになってしまっている。だからこそ、私はインドの人たちに、「こういう国だってあるんだよ」「こういう生き方だって魅力的だと思いませんか」と、日本のことを紹介し、学んでほしいと思っているのです。

ただし、日本的な考え方というのは、環境的に恵まれているからこそ生まれたものだともいえます。その点で、インドにはまだまだ整備していかなければならないことがたくさんあります。

また、日本人を日本人たらしめている環境を、日本人にこそ大事にしてほしいと思います。いろいろな問題点が指摘されることもありますが、日本の社会は宝物のようなものなのです。まして日本の文化は繊細《せんさい》ですから、悪い影響を受ければ傷つきやすく、すぐに壊れてしまうかもしれません。

そして繊細であるがゆえに、作り直すのもまた大変なのです。いまの日本のような社会のあり方、人々の心のあり方は、一度失ってしまったら、もう二度と取り返せないものかもしれません。

日本の人たちにいいたいのは、「焦らずにやってください」ということです。日本はいい国なのだということを前提に、それをしっかり守ってほしいのです。

状況が悪ければ、必死になってなんとかしなければいけません。しかし日本はいま、とてもいい状況にあるのですから、無理して変わる必要などありません。

この日本は、ほかの国ではできないことをやってきた「実験場」だといえましょう。しかも、その実験は、大成功しました。

アメリカ的な文化はシンプルでストレートですから、よその文化にも浸透しやすいですし、作り上げるのは簡単です。しかし、日本は正反対。その素晴らしさと脆《もろ》さを、外国人の視点から指摘したい、そんな気持ちで本書を執筆しました。

日本人には、身内からよりも、外側から意見されたほうが耳を傾ける、という感覚があると思います。でしたら、どうか日本のよさを見失わないでください、私はそう強調したい。

なぜならそれは、インドをはじめ、世界中で求められているものなのですから。

サンジーヴ・スィンハ

二〇一六年一月

サンジーヴ・スィンハ

1973年、インド・ラジャスターン州に生まれる。IIT（インド工科大学）で物理学修士課程を修了。インドのGodrej社に入社。1996年、人工知能の研究開発のため来日。その後、マッコーリー大学で金融学修士課程を修了。ゴールドマン・サックス証券、みずほ証券、UBS証券等を経て、インドのTATAアセット・マネジメントとTATAリアリティ・アンド・インフラの日本代表を兼務。2014年、プライスウォーターハウスクーパースのディレクターに就任。京都大学顧問も務める。

著書には、ベストセラーになった『すごいインド』（新潮新書）がある。

講談社＋α新書 **715-1 C**

インドと日本《にほん》は最強《さいきょう》コンビ

サンジーヴ・スィンハ ©Sanjeev Sinha 2016

2016年1月20日第1刷発行

発行者―――― **鈴木 哲**

発行所―――― **株式会社 講談社**

東京都文京区音羽2-12-21 〒112-8001

電話 出版(03)5395-3522

販売(03)5395-4415

業務(03)5395-3615

カバー写真―――― **Getty Images**

デザイン―――― **鈴木成一デザイン室**

カバー印刷―――― **共同印刷株式会社**

印刷―――― **慶昌堂印刷株式会社**

製本―――― **株式会社若林製本工場**

定価はカバーに表示してあります。

落丁本・乱丁本は購入書店名を明記のうえ、小社業務あてにお送りください。

送料は小社負担にてお取り替えします。

なお、この本の内容についてのお問い合わせは第一事業局企画部「＋α新書」あてにお願いいたします。

Printed in Japan

ISBN978-4-06-272922-2

講談社＋α新書

「声だけ」で印象は10倍変えられる 高牧康
気鋭のヴォイス・ティーチャーが「人間オンチ」を矯正し、自信豊かに見た目をよくする法を伝授
840円 650-1 B

高血圧はほっとくのが一番 松本光正
国民病「高血圧症」は虚構!! 患者数5500万人の大ウソを暴き、正しい対策を説く！
840円 651-1 B

マネる技術 コロッケ
あの超絶ステージはいかにして生み出されるのか。その模倣と創造の技術を初めて明かす一冊
840円 652-1 C

嫁ハンをいたわってやりたい ダンナのための妊娠出産読本 荻田和秀
つわり、予定日、陣痛……わからないことだらけの妊婦の実情。夫が知るべき本当のところ！
760円 653-1 B

会社が正論すぎて、働きたくなくなる 心折れた会社と一緒に潰れるな 細井智彦
社員のヤル気をなくす正論が日本企業に蔓延！転職トップエージェントがタフな働き方を伝授
840円 653-1 C

母と子は必ず、わかり合える 遠距離介護5年間の真実 舛添要一
「世界最高福祉都市」を目指す原点…母の介護で嘗めた辛酸…母子最後の日々から考える幸福
880円 654-1 C

毒蝮流！ ことばで介護 毒蝮三太夫
「おいババア、生きてるか」毒舌を吐きながらも喜ばれる、マムシ流高齢者との触れ合い術
840円 655-1 A

ジパングの海 資源大国ニッポンへの道 横瀬久芳
日本の海の広さは世界6位——その海底に約200兆円もの鉱物資源が埋蔵されている可能性が!?
880円 656-1 C

「骨ストレッチ」ランニング 心地よく速く走る骨の使い方 松村卓
骨を正しく使うと筋肉は勝手にパワーを発揮!! 誰でも高橋尚子や桐生祥秀になれる秘密の全て
840円 657-1 B

「うちの新人」を最速で「一人前」にする技術 美容業界の人材育成に学ぶ 野嶋朗
へこむ、拗ねる、すぐ辞める「ゆとり世代」をいかに即戦力に!? お嘆きの部課長、先輩社員必読！
840円 658-1 C

40代からの 退化させない肉体 進化する精神 山﨑武司
努力したから必ず成功するわけではない——高齢スラッガーがはじめて明かす心と体と思考！
840円 659-1 B

表示価格はすべて本体価格（税別）です。本体価格は変更することがあります

講談社+α新書

- **常識はずれの増客術** 中村元
  資金がない、売りがない、場所が悪い……崖っぷちの水族館を、集客15倍増にした成功の秘訣
  840円 671-1 C

- **イギリス人アナリスト 日本の国宝を守る** 雇用400万人、GDP8パーセント成長への提言 デービッド・アトキンソン
  日本再生へ、青い目の裏千家が四百万人の雇用創出と二兆九千億円の経済効果を発掘する！
  840円 672-1 C

- **イギリス人アナリストだから わかった日本の「強み」「弱み」** デービッド・アトキンソン
  日本が誇るべきは「おもてなし」より「やわらか頭」！ はじめて読む本当に日本のためになる本!!
  840円 672-2 C

- **三浦雄一郎の肉体と心** 80歳でエベレストに登る7つの秘密 大城和恵
  日本初の国際山岳医が徹底解剖!! 普段はメタボ…「年寄りの半日仕事」で夢を実現する方法!!
  840円 673-1 B

- **回春セルフ整体術** 尾骨と恥骨を水平にすると愛と性が甦る 大庭史榔
  105万人の体を変えたカリスマ整体師の秘技!! 薬なしで究極のセックスが100歳までできる！
  840円 674-1 B

- **「腸内酵素力」で、ボケもがんも寄りつかない** 髙畑宗明
  アメリカでも酵素研究が評価される著者による腸の酵素の驚くべき役割と、活性化の秘訣公開
  840円 676-1 B

- **実録・自衛隊パイロットたちが目撃したUFO** 地球外生命は原発を見張っている 佐藤守
  飛行時間3800時間の元空将が得た、14人の自衛官の証言!! 地球外生命は必ず存在する！
  890円 677-1 D

- **臆病なワルで勝ち抜く！** 日本橋たいめいけん三代目「100年続ける」商売の作り方 茂出木浩司
  色黒でチャラいが腕は超一流！ 創業昭和6年の老舗洋食店三代目の破天荒成功哲学が面白い
  840円 678-1 C

- **「リアル不動心」メンタルトレーニング** 佐山聡
  初代タイガーマスク・佐山聡が編み出したストレスに克つ超簡単自律神経トレーニングバイブル
  840円 680-1 A

- **人生を決めるのは脳が1割、腸が9割！** 「むくみ腸」を治せば仕事も恋愛もうまく行く 小林弘幸
  「むくみ腸」が5ミリやせれば、ウエストは5センチもやせる、人生は5倍に大きく広がる!!
  840円 681-1 B

- **「反日モンスター」はこうして作られた** 狂暴化する韓国人の心の中の怪物〈ケムル〉 崔碩栄
  韓国社会で猛威を振るう「反日モンスター」が制御不能にまで巨大化した本当の理由とは!?
  890円 682-1 C

表示価格はすべて本体価格（税別）です。本体価格は変更することがあります